Anselm Grün

Von der Kunst,
allein zu sein

Anselm Grün

Von
der
Kunst,
allein
zu sein

Vier-Türme-Verlag

Inhalt

Einsamkeit –
ein Phänomen unserer Zeit

Viele klagen heute über Einsamkeit und Alleinsein. Sie wohnen in großen Städten inmitten von vielen Menschen. Aber sie fühlen sich trotzdem allein. Sie haben kaum Kontakt zu den Nachbarn und niemanden, mit dem sie ein persönliches Gespräch führen können, dem sie sich anvertrauen. Sie fühlen sich allein mit ihren Problemen, mit der Überforderung durch die Arbeit, allein mit der Angst, das Leben nicht zu schaffen.

Die Corona-Krise hat das Phänomen der Einsamkeit und Isolierung in unserer Gesellschaft noch weiter verschärft. Am schmerzlichsten haben das die Menschen erfahren, die krank geworden sind, aber von niemandem besucht werden durften. Ein Trauerredner erzählte von einem Mann, den er beerdigen musste. Er sei nicht an Corona gestorben oder an einer anderen Krankheit, sondern an seiner Einsamkeit, sagte er. Er habe es nicht ausgehalten, alleingelassen zu werden. Sterbende haben in dieser Zeit besonders schmerzlich erlebt, dass niemand sie begleitet hat. Ihre Angehörigen durften nicht kommen. Das hat ihnen häufig die letzte Lebenskraft genommen.

Die psychosomatische Medizin hat erkannt, dass Isolation für viele Menschen die Ursache von Erkrankungen ist. Sie raubt ihnen ihre Energie. Zum Wesen des Menschen gehört, dass er ein Gemeinschaftswesen ist, er ist auf Beziehungen und Begegnungen angewiesen. Menschen, die sich alleingelassen fühlen, haben schnell keine Kraft mehr. So werden sie schneller krank und sterben früher.

Einsame Menschen sehnen sich danach, dass andere sich für sie Zeit nehmen, sie besuchen, mit ihnen telefonieren. Manche brechen dann aus ihrer Einsamkeit aus, indem sie Bekannte anrufen. Doch wenn das Bedürfnis zu groß ist, dann fallen sie mit ihren Kontaktversuchen anderen auf die Nerven. Es gibt aber auch das Gegenteil: Menschen, die sich dafür schämen, dass sie einsam sind. Sie trauen sich nicht, anderen ihre Bedürftigkeit zu zeigen und sie um Hilfe zu bitten. Sie verschließen sich von sich aus und lehnen jeden Kontakt ab. Sie schneiden sich selbst von allen Beziehungen ab. Offensichtlich genieren sie sich, ihre Schwäche und ihre Bedürftigkeit zu zeigen. So ergreifen sie die Flucht nach vorne und isolieren sich von sich aus. Sie sagen, sie wollen mit niemandem sprechen. Doch diese Selbstisolierung kann schlimme Folgen haben, denn nachweislich ist sie häufig mit ein Grund für beginnende Demenz oder aber einen frühzeitigen Tod. Kaum jemand hält diese Isolation auf Dauer aus.

Neben der freiwilligen Einsamkeit gibt es viele, die unfreiwillig einsam sind. Sie sehnen sich nach anderen, haben aber selbst vielleicht keine Familie mehr, mit der sie sich gut verstehen, weil die Eltern bereits gestorben sind und sie keine Geschwister haben. Oder aber die Geschwister leben weit entfernt oder sind untereinander zerstritten. So haben sie keinen Kontakt mehr zur Familie und niemanden, an den sie sich anlehnen können. Sie haben Angst, im Alter völlig allein dazustehen. Sie fragen sich, wie es einmal sein wird, wenn sie krank und hilfsbedürftig werden – wer soll sie dann pflegen, wer für sie sorgen? Sie trauen sich gar nicht, an die Zukunft zu denken. Und doch beschäftigt sie diese Frage, wer wohl einmal für sie dasein wird.

Manche, die allein wohnen, fühlen sich wohl in ihrem Zuhause. Sie sind gerne daheim, weil sie sich hier endlich von der anstrengenden Arbeit erholen können. Aber viele langweilen sich auch in ihrer Wohnung. Sie wissen nicht, was sie tun sollen, und fühlen sich allein. Niemand ruft an. Niemand kümmert sich um sie. Sie haben niemanden, mit dem sie ihre Erfahrungen bei der Arbeit teilen können, keinen, der ihnen den Rücken stärkt, der sie ermutigt. Sie fühlen sich alleingelassen. Und das zehrt an ihren Kräften. Sie haben keine Motivation, sich immer wieder neu auf die Arbeit einzulassen. Das Alleinsein schwächt sie, macht sie für Krankheiten anfällig. Wenn sie krank sind, kümmert sich niemand um sie. Sie müssen von sich aus zum Arzt gehen, um sich krankschreiben zu lassen. Aber dann liegen sie allein in ihrer Wohnung und spüren keine Kraftquelle, aus der sie schöpfen könnten, um wieder gesund zu werden.

Andere flüchten sich in die Arbeit, um sich nicht allein zu fühlen. Während der Arbeit haben sie mit anderen Menschen zu tun. Doch wenn sie zu Hause sind, sitzen sie allein in ihrer Wohnung und wissen nicht, was sie mit sich anfangen sollen. Es gibt zwar im Haushalt noch dieses oder jenes zu tun. Aber es erfüllt sie nicht. In ihrer Langeweile schalten sie den Fernseher an, um sich abzulenken. Angst haben sie vor allem vor dem Wochenende. Denn da erwartet sie niemand und nichts, was sie aus ihrer Lethargie herausholen könnte. Wenn sie ans Wochenende denken, kommt ihnen das Bild einer gähnenden Leere in den Sinn. So freuen sie sich nicht auf das Wochenende, sondern denken mit Schrecken an ihr Alleinsein. Wenn sie es wagen, trotzdem aus dem Haus zu gehen, treffen sie vielleicht junge Familien mit Kindern oder ältere Ehepaare, die miteinander spazierengehen. Dann ist das Alleinsein noch schmerzlicher.

Für viele wird die Einsamkeit zum großen Problem, wenn sie ihre Arbeit aufgegeben haben und in Rente gegangen sind. Solange sie gearbeitet haben, hatten sie zumindest zu den Arbeitskollegen noch Kontakt. Und manchmal verstand man sich auch ganz gut. Zudem hatten sie den Eindruck, dass sie gebraucht wurden. Sie waren wichtig an ihrer Stelle. Andere mussten sie um etwas bitten. Doch jetzt sind sie allein in ihrer Wohnung. Niemand fragt nach ihnen, niemand möchte einen Rat von ihnen. Sie fühlen sich unnütz und alleingelassen. Sie geraten in Panik, wenn sie daran denken, dass sie die nächsten zwanzig oder dreißig Jahre so allein in ihrer Wohnung leben müssen, ohne dass jemand nach ihnen fragt oder schaut. Oft haben sie auch keine Familie, mit der sie etwas unternehmen könnten, keine Enkelkinder, die neues Leben in ihren Alltag bringen und ihr hart gewordenes Herz erweichen und erwärmen.

Bis hierher hatte ich alleinstehende Menschen im Blick, die an ihrer Einsamkeit leiden. Es gibt aber auch die Einsamkeit in der Partnerschaft. Man spricht dann von der Einsamkeit zu zweit. Man lebt neben dem anderen her, aber man fühlt sich allein. Man hat keine Sprache mehr, die den anderen erreicht. Man kann das, was einen wirklich bewegt, nicht mehr mit dem anderen teilen. Manche ziehen sich dann in die Einsamkeit zurück aus Angst vor immer neuen Verletzungen und Enttäuschungen und vereinsamen mitten in der Beziehung. Oft wird die innere Einsamkeit verschwiegen, »ein Schicksal, das oft gerade die liebenden Frauen trifft, die dem Partner nie eingestehen können, dass sie an seiner intellektuellen oder spröden und gefühlskargen Art innerlich gleichsam erfrierend leiden und in der kalten Zweisamkeit buchstäblich verhungern, weil ihr Gefühl keine Nahrung mehr bekommt. Der Ernst dieser Einsamkeit besteht dann in einem inneren Aufgeben jeder Hoffnung« (Brocher 169f), schreibt der Psychoanalytiker und Sozialpsychologe Tobias Brocher. Da die Menschen heute immer älter werden, nimmt die Einsamkeit in der Beziehung gerade im Alter zu. Während der Berufstätigkeit hatte jeder seinen Raum, in dem er das Sagen hatte, den Raum, den er selbst gestalten konnte. Da war das Miteinander zu Hause dann ein guter Zufluchtsort, an den man von der anstrengenden Arbeit immer wieder zurückkam. Aber jetzt, da man immer zusammen ist, weiß man nicht mehr, was man miteinander besprechen könnte. So lebt man nebeneinanderher und jeder fühlt sich schrecklich einsam. Um dieser öden Einsamkeit zu entgehen, fliehen manche in Alkohol, in andere sexuelle Beziehungen oder auch in Frömmigkeit. Spiritualität kann eine Hilfe sein, mit der Einsamkeit in der Beziehung besser umzugehen. Aber es gibt auch eine andere Art der Frömmigkeit, die ein Ersatz für Liebe sein kann, wie die Autorin Waltraut Schmitz-Bunse feststellt. Für sie ist diese Frömmigkeit aber nicht lebensfördernd, sondern extrem einengend: »Diese engherzige Frömmigkeit, in deren Umkreis man Erstickungsgefühle bekommt. Diese selbstgebastelte Einsamkeit! Unfruchtbar, weil sie nur die eigenen Enttäuschungen hätschelt und betrauert, aber sie ist nicht imstande, die Einsamkeit, Verlorenheit anderer zu bemerken, um sich ihrer von Herzen zu erbarmen« (Schmitz-Bunse 221).

Schmerzlich ist die Einsamkeit, in die Menschen geraten, die eine beglückende Partnerschaft hatten und deren Partner gestorben ist. Auf einmal können sie dem Partner nicht mehr erzählen, wie ihr Tag war, was sie bewegt, was sie erlebt haben. Sie sind plötzlich allein mit ihrer Liebe und der Sehnsucht, diese Liebe auszudrücken. Es ist, als ob ihnen ein Stück ihres eigenen Herzens herausgerissen worden wäre. Zu dem Schmerz über das Alleinsein kommt dann noch die kränkende Erfahrung, dass auch Freunde einen meiden. Sie wollen nichts mit der Trauer zu tun haben. Sie lassen den anderen allein in seiner Trauer, wollen für sich weiterleben, ohne sich ihm in seiner traurigen Einsamkeit zu stellen und sich auf ihn einzulassen. Denn dann würden sie mit ihrer eigenen Angst vor dem Alleinsein konfrontiert werden.

Andere werden von ihrem Partner, ihrer Partnerin verlassen, weil man sich auseinandergelebt hat oder weil man sich in jemand anderen verliebt hat. Auch da wird die Einsamkeit für manche Frauen und Männer oft unerträglich. Das Alleinsein ist von ständigen

Selbstgesprächen geprägt. Die kreisen um den Partner, den man immer noch liebt, aber von dem man sich abgrundtief verletzt fühlt. Oder aber sie kreisen um die eigenen Schuldgefühle: Was habe ich falsch gemacht, dass mich der oder die andere verlassen hat? Bin ich überhaupt liebenswert oder liebesfähig? Sie zweifeln an sich selbst und fühlen sich alleingelassen, allein mit ihrem Schmerz, allein mit ihrer Wut und allein mit ihrer Liebe.

Eine eigene Form von Einsamkeit erleben Führungskräfte oder auch Seelsorger und Seelsorgerinnen. Führungskräfte möchten guten Kontakt zu ihren Mitarbeitern haben. Aber sie spüren, dass die Beziehung zu ihren Kollegen anders geworden ist, seitdem sie die Führungsposition innehaben. Andere erfahren, dass es einsam macht, die Verantwortung für viele Menschen zu übernehmen. Man kann diese oft nicht mit anderen teilen, mit ihnen darüber sprechen. Auch wenn man versucht, einen kollegialen Führungsstil zu leben, gibt es doch Entscheidungen, die man allein treffen muss. Die gleiche Erfahrung machen Seelsorger und Seelsorgerinnen. Sie kümmern sich viel um andere. Sie feiern Gottesdienste, bei denen sie Zustimmung erfahren. Aber wenn sie dann nach Hause kommen, fühlen sie sich allein. Sie können mit niemandem über ihre eigenen Gefühle und Ängste sprechen. Und auch spirituell erleben sie kein Getragensein von einer Gruppe. Eine Pastorin sagte mir einmal: »Ich habe so viele Menschen gesegnet, aber wer segnet mich?« Ähnlich fühlen viele Pfarrer und Pfarrerinnen. Sie tun viel für andere. Aber wenn sie selbst Hilfe brauchen, haben sie niemanden. Wenn der Gottesdienst alle berührt hat, können sie abends niemandem davon erzählen, mit niemandem ihre spirituellen Erfahrungen teilen.

Der amerikanische Schriftsteller Thomas Wolfe hat die Erfahrung gemacht, dass die Einsamkeit letztlich der Grund von Unzufriedenheit und Klagen ist: »Ich glaube, dass sie alle an derselben Sache leiden. Der letzte Grund ihrer Klage ist die Einsamkeit« (zit. Schütz 275). Doch es gibt verschiedene Formen von Einsamkeit. Hermann Hesses Gedicht weist auf die Existenz des Menschen als Einsamsein: »Leben ist Einsamsein. Kein Mensch kennt den andern, jeder ist allein« (zit. Schütz 275). Der Mensch als Mensch ist allein. Die Einsamkeit gehört seinem Wesen. Der Jesuit und Philosoph Johannes Baptist Lotz unterscheidet diese grundsätzliche Einsamkeit von der Vereinsamung. Wenn Menschen klagen, dass sie sich einsam fühlen, dann sind sie vereinsamt. Die Vereinsamung plagt heute viele. Vereinsamte Menschen fühlen sich oft traurig, manchmal depressiv und ratlos.

Es gibt viele Texte und Gedichte über Einsamkeit und Alleinsein. Oft überwiegt darin die Trauer. Ich möchte in diesem Buch die positiven Aspekte des Alleinseins und der Einsamkeit beschreiben. Und es geht um die Kunst, auf gute Weise allein zu sein. Es geht mir darum, wie ich schmerzliche Einsamkeit aushalten kann, sodass sie sich langsam in eine gute Einsamkeit verwandelt. Zudem möchte ich Wege aufzeigen, wie ich mit dem Alleinsein, das notwendigerweise zu meinem Leben gehört, gut umgehe. Beginnen möchte ich damit, einige Einsichten von Psychologen und Philosophen über die Einsamkeit und das Alleinsein auszuführen. Sie zeigen, wie wir die Worte »Alleinsein« und »Einsamkeit« verwenden und dass beide sowohl positive wie negative Aspekte aufweisen.

Alleinsein
und Einsamkeit

Wir gebrauchen die Worte »Alleinsein« und »Einsamkeit« oft synonym. Doch Alleinsein ist mehr die äußere Situation, dass ich gerade allein bin. Einsamkeit drückt dagegen eher die Befindlichkeit aus. Ich fühle mich einsam. Allerdings sagen viele auch: Ich fühle mich allein. In unserer alltäglichen Sprache unterscheiden wir nicht immer zwischen Alleinsein und Einsamkeit. Und doch gibt es einen Unterschied zwischen diesen beiden Begriffen. Der Münchner Psychiater Fritz Riemann beschreibt den Unterschied so: »Ist nicht jeder von uns schon einmal allein gewesen, ohne sich einsam zu fühlen, hat er nicht vielleicht sogar das Alleinsein gesucht, um ungestört und ohne Ablenkung sich mit etwas zu beschäftigen, um mit sich selbst allein sein zu können, ohne sich dabei einsam zu fühlen? Und wir alle kennen wohl auch die andere Erfahrung, dass wir uns unter Menschen befanden und uns trotzdem einsam fühlten – etwa, weil die uns umgebenden Menschen uns fremd oder gleichgültig waren oder weil etwas schwer beschreibbares Trennendes wie eine unsichtbare Glaswand zwischen ihnen und uns zu stehen schien« (Riemann 24). Man könnte also sagen: Alleinsein ist ein Zustand, Einsamkeit ein Gefühl. Aber auch die Einsamkeit kann man unterschiedlich betrachten. Sie ist nicht nur ein negatives Gefühl von Schmerz und Traurigkeit, sondern drückt auch eine Befindlichkeit des Menschen aus, die wesentlich zu ihm gehört und die eine Chance sein kann, das Geheimnis der eigenen Existenz zu erahnen.

Der Philosoph Johannes Baptist Lotz meint, dass es verschiedene Arten von Einsamkeit gibt, nämlich »eine beglückende und eine quälende, eine befruchtende und eine zerstörerische«. Seiner Ansicht nach »wäre es hilfreich, diese beiden Ausprägungen auch terminologisch auseinanderzuhalten; sonst ergeben sich manchmal Formulierungen, die unerträglich sind. Der positiven Gestalt, auf die wir eben hinwiesen, soll das Wort *Einsamkeit* vorbehalten sein; dagegen soll für die negative Gestalt das andere Wort *Vereinsamung* dienen« (Lotz 31). Der entscheidende Unterschied zwischen Einsamkeit und Vereinsamung ist für ihn die Frage der Beziehungsfähigkeit. Der Einsame ist in Beziehung zu sich selbst und somit auch fähig, eine Beziehung zu einem Du einzugehen. Dagegen gilt von der Vereinsamung, dass sie den Menschen auf sich selbst zurückwirft, »indem sie seine lebendige Einheit mit dem anderen unterbricht; er wird gleichsam in einen luftleeren Raum gestoßen und muss darin verkümmern« (Lotz 32). Es kann hilfreich sein, die negative Einsamkeit mit Vereinsamung zu beschreiben. Dennoch halten wir uns im Folgenden an das, was Fritz Riemann über die positiven und negativen Aspekte der Einsamkeit beschreibt. Er fragt, was das eigentlich Bedrückende an der Einsamkeit sei. Und er antwortet: »Es ist wohl vor allem das Gefühl völliger Ungeborgenheit, des ganz und gar Auf-uns-selbst-gestellt-Seins: Niemand spricht mit uns, wir können uns an niemanden wenden; wir empfinden nur Leere um uns, eine hoffnungslos erscheinende schreckliche Leere, und uns erfasst eine gegenstandslose, unbestimmte Angst, die wir oft so ausdrücken, dass wir sagen: ›Die Decke fällt mir auf den Kopf‹ oder: ›Ich fühle mich von Gott und aller Welt verlassen, mutterseelenallein‹« (Riemann 25).

Der amerikanische Psychotherapeut Irvin D. Yalom, Begründer der existenziellen Therapie, meint, eines der vier Themen, denen sich jeder Mensch zu stellen hat, sei die Einsamkeit. Dabei unterscheidet er zwischen einer interpersonalen und intrapersonalen Isolation. Ersteres bezieht sich auf das Gefühl der Einsamkeit. Man fühlt sich von anderen isoliert und leidet an der Beziehungslosigkeit. Das ist die Einsamkeit, von der wir normalerweise sprechen. Doch Yalom kennt eine zweite Weise der Einsamkeit, die intrapersonale Isolation. Damit meint er die Unfähigkeit, die verschiedenen Bereiche in sich selbst miteinander in Beziehung zu bringen. Man fühlt sich innerlich zerrissen. Die verschiedenen Bedürfnisse und Ziele in mir streben auseinander. Ich kann sie nicht zusammenbringen.

Oft ist das Gefühl der Vereinsamung mit der intrapersonalen Isolation verbunden: Weil ich keine Beziehung zu mir selbst aufbauen kann, vermag ich auch keine Beziehung zu anderen Menschen aufzunehmen. Die intrapersonale Isolierung zu überwinden, ist eine spirituelle Aufgabe. Anstatt das, was mir unangenehm ist, von meinem Bewusstsein abzuspalten, halte ich alles, was in mir auftaucht, Gott hin. Wenn alles in mir von Gottes Liebe durchdrungen wird, dann werde auch ich eins mit all dem, was ich bisher verdrängt habe. Der Wüstenvater Evagrius Ponticus hat seine Mystik zur Einswerdung so aufgebaut, dass wir uns erst mit allen Leidenschaften und Schattenseiten beschäftigen und sie in unsere Existenz integrieren müssen, bevor wir mit Gott eins werden. Die Erfahrung des Einsseins mit Gott führt dann sowohl zur inneren Einheit der psychischen Kräfte als auch zur Erfahrung des Einsseins mit anderen Menschen. Wer die Einheit mit Gott erfährt, erlebt auch die sonst divergierenden Bestrebungen in sich im Einklang miteinander. Und er wird beziehungsfähig.

Einsamkeit muss nicht immer negativ erfahren werden. Sie kann auch eine Quelle von Kreativität sein oder ein Weg zu der eigenen Wahrheit. Daher ist der Philosoph und Essayist Odo Marquard der Ansicht: »Was uns modern vor allem plagt, quält und malträtiert, ist nicht die Einsamkeit, sondern der Verlust der Einsamkeitsfähigkeit: die Schwächung der Kraft zum Alleinsein, Vereinzelung zu ertragen, das Siechtum der Lebenskunst, Einsamkeit positiv zu erfahren« (zit. Schütz 277). Viele Philosophen und Theologen haben daher Einsamkeit als etwas gesehen, das wesentlich zum Menschen gehört. Aber die Einsamkeit wird nur dann fruchtbar für uns, wenn wir sie annehmen. Dann können wir mit Nietzsche sagen: »Wer die letzte Einsamkeit kennt, kennt die letzten Dinge« (zit. Schütz 279). Die Einsamkeit bringt uns in Berührung mit den letzten Geheimnissen unseres Daseins. Der ehemalige schwedische Generalsekretär der Vereinten Nationen Dag Hammarskjöld hat die Einsamkeit als seine innerste Herausforderung gesehen, um seine Berufung zu entdecken. Und so mahnt er: »Bete, dass deine Einsamkeit zum Stachel werde, etwas zu finden, wofür du leben kannst, und groß genug, um dafür zu sterben« (zit. Schütz 281).

Formen und Ursachen der Einsamkeit

Viele Menschen können die Einsamkeit nicht so positiv sehen wie Nietzsche oder Dag Hammarskjöld. Der Grund liegt häufig in der Kindheit. »Wenn jemand als Kind zu oft und zu lange allein gelassen wurde, bevor er Vertrauen und Hoffnung lernte, kann er später Einsamkeit ähnlich verzweifelt und hoffnungslos erleben; die Früherinnerungen wirken in ihm noch so mächtig nach, haben ihn so geprägt, dass er in Panik gerät, wenn er länger allein ist«, meint der Psychologe Fritz Riemann (Riemann 26). Aber umgekehrt bekommen auch Menschen, die als Kinder keinen Raum hatten, allein etwas auszuprobieren und das Alleinsein zu genießen, später Probleme damit. Sie haben das Gefühl, immer beschäftigt sein zu müssen. Das Kind, das eine vertrauensvolle Beziehung zu den Eltern erlebt, kann gut allein sein, auch später als Erwachsener. Wem aber beispielsweise als Kind die Mutter immer alles abgenommen hat, der braucht auch später ständig jemanden, der um ihn herum ist. Wenn er allein ist, ist es ihm langweilig. Einsamkeit wird negativ erfahren, wenn man sich immer noch wie als Kind abhängig fühlt von anderen, die einem das Leben gestalten, die einem all das geben, was man braucht. Der Philosoph Arthur Schopenhauer meint daher, Jugendliche sollten sich der Aufgabe widmen, »die Einsamkeit ertragen zu lernen, weil sie eine Quelle des Glücks und der Gemütsruhe« sei (zit. Riemann 28). Das Lernen beginnt schon in der Kindheit: »Ein gesundes Kind hat immer zwischendurch das Bedürfnis, allein zu sein, sich selbst überlassen zu werden, und es weist schon auf eine Entwicklungsstörung hin, wenn es nicht in der Lage ist, sich auch allein zu beschäftigen« (Riemann 29). Kinder spielen gerne allein. Im Spiel entwickeln sie ihre eigene Kreativität. Sie wenden sich mit Lust und Interesse den Dingen zu. Das ist die Bedingung, später als Erwachsener die Einsamkeit auch als Ort zu erfahren, an dem man seinen Gedanken nachgehen und sich mit Liebe und Hingabe mit etwas beschäftigen kann.

In Gesprächen erlebe ich immer wieder Frauen, die als Kind früh alleingelassen wurden, entweder weil sie ins Krankenhaus mussten oder weil die Mutter keine Nähe zeigen konnte. Solche Frauen suchen ihr Leben lang nach einem Mutterersatz. Oft binden sie sich dann an ältere Frauen. Sie können nicht allein sein. Denn das Alleinsein lässt die alte Wunde aus der Kindheit wieder aufbrechen. Oft geraten sie dann aber an Frauen, die ähnlich wie die Mutter ambivalent in ihrem Verhalten sind. Sie sehnen sich nach dieser Ersatzmutter, doch zugleich erfahren sie immer wieder Zurückweisung. Das Thema des Alleinseins in der Kindheit zieht sich durch ihr ganzes Leben. Und es findet keine Verwandlung, wenn die Frau nicht die tiefe Wunde der Kindheit anschaut und sich mit ihr aussöhnt, indem sie in sich selbst das Mütterliche entdeckt, das ihr Geborgenheit und Liebe schenkt.

Es ist für mich eine wichtige Einsicht der Psychologie: Nur der kann gut mit Einsamkeit umgehen, der fähig ist, sich hinzugeben, sich auf etwas oder jemanden einzulassen und sich selbst dabei zu vergessen. In diesen Momenten bin ich ganz bei mir. Da spüre ich keine Einsamkeit. Ich bin in Beziehung. So sieht es auch der Therapeut Fritz Riemann. Die Voraussetzung, die Einsamkeit anzunehmen und gut zu gestalten, ist die »Fähigkeit, uns an etwas zu freuen, etwas mit Lust und Liebe zu tun, etwas zu lieben« (Riemann 30). Der größte Feind dieser Fähigkeit ist die »Trägheit des Herzens«: Wir kreisen nur egozentrisch um uns selbst. Wir haben die Fähigkeit verloren, uns hinzugeben. Diese Hingabe gilt einem Menschen, einer Sache oder letztlich Gott selbst. Die Einsamkeit ist der Ort, an dem wir »durchstoßen können zu dem, was wir Gott oder den kosmischen Seinsgrund oder das mystische Alleins-Sein nennen« (Riemann 33). Wenn wir in diesem Sinn die Einsamkeit spirituell zu bewältigen suchen, wird sie für uns fruchtbar. Riemann schreibt zum Ergebnis dieser angenommenen Einsamkeiten: »Dann können wir demütiger und menschlicher aus ihnen hervorgehen, können beginnen, manches loszulassen, was wir meinten festhalten oder erstreben zu müssen, und können dadurch wesentlicher werden« (Riemann 32).

Es gibt noch eine andere Art von Einsamkeit: Man fühlt sich einsam, »weil die Welt so nicht ist, wie sie sein sollte« (Binder 99). Ich erlebe oft, dass Menschen in ihrer Einsamkeit an der Welt verzweifeln. Sie können nicht aushalten, dass es Kriege gibt, dass die Medien von Amokläufen und Gewaltverbrechen berichten. Sie können die ungerechte Welt der Wirtschaft nicht ertragen. So fühlen sie sich von der Welt ausgeschlossen. Sie wollen mit ihr nichts zu tun haben. Sie fühlen sich einsam in einer immer unwirtlicher werdenden Welt. Es sind oft sensible Menschen, die die Wirklichkeit nicht aushalten können. Doch auch für sie geht es darum, diese Welt in aller Demut anzunehmen, sich von dem Omnipotenzgefühl zu verabschieden, dass ich die Welt nach meinen Vorstellungen verändern kann. Ich kann nur das tun, was in meiner Hand liegt. Aber ich muss mich damit abfinden, dass die Welt nicht so ist, wie ich sie gerne hätte. Ich bin in dieser Welt zu Hause. Wenn ich mich gegen alles sträube, was ich in ihr vorfinde, dann fühle ich mich wirklich einsam, allein in einer mir feindlich gegenüberstehenden Welt.

Erfahrungen von Einsamkeit in Kindheit und Jugend

Die Pädagogin und Journalistin Helga Levend hat sich vor allem mit der Einsamkeit von jungen Menschen beschäftigt. Dabei ist ihr aufgegangen, wie viele von ihnen darunter leiden. Sie fühlen sich zum Beispiel als Studierende in einer fremden Stadt einsam. Sie finden keine Freunde und Freundinnen, mit denen sie sich persönlich austauschen können. Die Kontakte bleiben oberflächlich. Forschungen über die Einsamkeit in den USA und in Deutschland haben herausgefunden, dass sich etwa 25 Prozent der Menschen oft einsam fühlen. Und darunter sind mehr junge als ältere Menschen (vgl. Levend 17). Viele empfinden ihr Alleinsein und ihr Gefühl von Einsamkeit als Makel. Die evangelische Theologin Dorothee Sölle beschreibt die schmerzliche Erfahrung, wenn man sich auf einmal als Außenseiter fühlt: »Vereinsamung isoliert uns von anderen, sie schwächt uns, sie zerstört unsere Möglichkeit des Selbstausdrucks, das Alleinsein nimmt Mut und Kraft weg: Aber der Bodensatz von allem ist die Lächerlichkeit, der man unweigerlich ausgesetzt wird« (zit. Levend 25).

Häufig haben die Einsamkeitsgefühle ihren Grund in der Kindheit. Um damit umgehen zu lernen, geht es nicht darum, den Eltern die Schuld zu geben, sondern seine eigene Geschichte anzuschauen und sich mit ihr auszusöhnen. Dann können sich auch die Gefühle des Alleingelassenwerdens wandeln. Manche haben Angst, allein zu sein, wenn sie schon als Kinder die Trennung ihrer Eltern erlebt haben. Oft geben sie sich dann selbst die Schuld daran. Obwohl sie sich nach Beziehung und Freundschaft sehnen, haben sie Angst, sich darauf einzulassen. Sie könnten ja wieder verlassen werden. Andere verlassen immer wieder ihre Partner, damit sie die Schmach des Verlassenwerdens nicht erleiden müssen. Weil sie nicht verletzt werden möchten, verletzen sie andere.

Manchmal haben die Ängste vor dem Verlassenwerden auch schon ihre Ursache in der Zeit, in der das Kind im Mutterschoß war und dabei Konflikte zwischen den Eltern oder die Ängste, Schmerzen und Spannungen der Mutter wahrgenommen hat. »Der Psychoanalytiker Tilman Moser meint, dass die negativen Erinnerungen an die vorgeburtliche Lebenszeit sich wie ruhelose Gespenster in unserem Unbewussten herumtreiben und nur auf ihre Stunde warten; dass sie sich in psychosomatischen Störungen und Depressionen äußern können; dass sie unsere Bindungsfähigkeit, unsere Liebesfähigkeit und unser Mitgefühl für andere blockieren können« (Levend 34). Andere Einsamkeitserfahrungen macht das Kind, wenn es schreit und keiner kommt, um nach ihm zu sehen. Helga Levend erzählt von einer jungen Frau. Sie fühlte sich schuldig, als ihre so sehr geliebte Großmutter starb. Sie durfte sie damals nicht besuchen. Heute denkt sie: Sie kommt nicht wieder, weil ich ihr keinen Abschiedskuss gegeben habe. So hat sie in jeder Beziehung immer die Angst, etwas zu versäumen und dadurch am Scheitern der Beziehung schuld zu sein (vgl. Levend 41f).

Kinder entwickeln jedoch, wenn sie sich einsam fühlen, durchaus Rituale, die das Gefühl der Einsamkeit vertreiben. Sie küssen ihren Lieblingsteddy oder vergraben sich in ihrem Schmusetuch. Diese sogenannten Übergangsobjekte (Winnicott) ersetzen die Gegenwart der Mutter. Und so fühlen sich die Kinder nicht allein. Wenn ein Kind schon früh gelernt hat, mit Erfahrungen von Einsamkeit gut umzugehen und wenn es eine Grundgeborgenheit bei den Eltern gespürt hat, dann wird es auch als Erwachsener die Einsamkeitsgefühle überwinden. Entscheidend ist, dass es durch gute Erfahrungen von Geborgenheit auch eine mitfühlende Bindung zu sich selbst aufbauen kann. Wem das nicht gelingt, der versucht, vor anderen seine Schwächen zu verbergen. Doch dann können keine guten Beziehungen entstehen. Ganz gleich, wie die Kindheit war, irgendwann müssen wir uns damit aussöhnen und die Verletzungen und Defizite bearbeiten. Sonst werden wir die alten Situationen von Alleingelassensein und Einsamkeit wiederholen. Einsamkeitsgefühle dürfen sein. Wir sollen sie »nicht negativ bewerten. Nur so können wir verhindern, dass sie uns ganz überschwemmen, unsere sozialen Fähigkeiten, unser Bindungsbedürfnis und unsere Bindungsfähigkeiten völlig lahmlegen« (Levend 53).

Die Einsamkeit zeigt sich beim Erwachsenwerden auf vielfache Weise. Da ist einmal das Gefühl, nicht gebraucht zu werden in der Welt. Wenn die Versuche, eine Arbeitsstelle zu bekommen, fehlschlagen, fühlt man sich überflüssig. Dann ist es oft die Angst, über seine Einsamkeit zu sprechen. Man fühlt sich sehr verletzlich in seiner Einsamkeit. Man schämt sich, zuzugeben, dass man sich einsam fühlt. Wenn dann andere nicht wirklich zuhören, kann man es kaum aushalten. Die Angst ist oft gepaart mit einem Mangel an Selbstwertgefühl. Man traut sich vieles nicht zu. Denn wenn wir einen Fehler machen, fühlen wir uns abgestempelt von der Umgebung. Oft ist es auch eine innere Einsamkeit, das Gefühl, nicht in Beziehung zu sich selbst zu sein. So kann man manche Zuwendung, die man erhält, nicht wahrnehmen oder dankbar annehmen: »Es ist, als hätten sie eine unsichtbare Wand zwischen sich und ihrer Umwelt aufgebaut. Interesse, Lob oder Bestätigung, die ihnen von anderen entgegengebracht werden, gleiten an ihnen ab wie das Regenwasser an einer Fensterscheibe. Aus Schüchternheit und Angst vor Enttäuschungen ziehen sie es vor, allein zu bleiben, sich sozial zu isolieren« (Levend 75).

Einsamkeit und Alleinsein
in der Bibel

In der Bibel ist häufig die Rede vom Alleinsein. Da ist die Aussage Gottes im Schöpfungsbericht: »Es ist nicht gut, dass der Mensch allein bleibt. Ich will ihm eine Hilfe machen, die ihm entspricht« (Gen 2,18). Häufig wurde dieser Satz so gedeutet, dass der Mann nicht ohne Frau leben kann und umgekehrt. Doch der Sinn ist ein anderer: »Es ist nicht gut für den Menschen, ein in sich abgesondertes Wesen zu sein« (Uhsadel 149). Denn in der Bibel erschafft Gott als Folge dieser Feststellung zunächst nicht die Frau, sondern aus dem Ackerboden »alle Tiere des Feldes und alle Vögel des Himmels und führte sie dem Menschen zu, um zu sehen, wie er sie benennen würde« (Gen 2,19). Der Mensch braucht die Bezogenheit. Das sind zunächst die Tiere, mit denen er durch die Namen, die er ihnen gibt, eine Beziehung eingeht. Vor der Erschaffung der Tiere hatte Gott den Menschen in den Garten gesetzt, »damit er ihn bebaue und hüte« (Gen 2,15). Doch die Arbeit allein füllt den Menschen nicht aus. Er braucht, um ganz Mensch zu sein, die Beziehung. Und so schafft Gott zuerst die Tiere. Doch der Mensch findet darin keine Hilfe, die ihm entspricht. Also formt Gott aus der Rippe des Mannes die Frau. Nur sie kann dem Mann ein wirkliches Gegenüber sein. In ihr erst entdeckt er das Geheimnis der Bezogenheit und der Liebe, die er braucht, damit sein Leben gelingt. In ihr erkennt der Mann: »Das endlich ist Bein von meinem Bein und Fleisch von meinem Fleisch« (Gen 2,23). Mit ihr kann der Mann sich eins fühlen und eins werden. Und so erst erfährt er sich als ganzer Mensch, eins mit sich selbst und eins mit der Frau, die Gott ihm zur Begleitung gegeben hat.

Dass der Mensch auf einen anderen angewiesen ist, zeigt auch der skeptische Weisheitslehrer Kohelet in seinem gleichnamigen biblischen Buch: »Zwei sind besser als einer allein, falls sie nur reichen Ertrag aus ihrem Besitz ziehen. Denn wenn sie hinfallen, richtet einer den anderen auf. Doch wehe dem, der allein ist, wenn er hinfällt, ohne dass einer bei ihm ist, der ihn aufrichtet. Außerdem: Wenn zwei zusammen schlafen, wärmt einer den andern; einer allein – wie soll er warm werden? Und wenn jemand einen Einzelnen auch überwältigt, zwei sind ihm gewachsen, und eine dreifache Schnur reißt nicht so schnell« (Koh 4,9–12). Hier werden vier Gefahren des Alleinseins beschrieben. Zunächst: Ich kann allein mein Glück nur schwer genießen. Freude und Glück wollen geteilt werden. Natürlich gibt es auch die innere Freude, die unabhängig ist von anderen Menschen. Aber es ist uns ein Bedürfnis, das, was wir an Gutem erlebt haben, nicht nur dankbar anzuschauen, sondern es einem mitzuteilen, entweder einem Mitmenschen oder aber Gott. Es gibt einen jüdischen Witz, der das veranschaulicht. Da spielt ein jüdischer Rabbi am Sabbat Golf, weil er dem schönen Golfplatz vor seinem Hotel nicht widerstehen kann. Und ihm gelingt beim ersten Schlag ein Volltreffer. Als er nach Hause geht, spricht er zu sich: »Gott hat mich sogar belohnt und nicht bestraft, wie es mir mein Lehrer immer gesagt hat, sollte ich das Sabbatgebot übertreten.« Doch da antwortet Gott ihm: »Aber wem kannst du's erzählen?« Das ist die größte Strafe für ihn, dass er niemandem von seinem Erfolg erzählen kann.

Zweitens: Wenn einer hinfällt, braucht er einen anderen, der ihn aufrichtet. Es ist nicht leicht, allein aufzustehen. Das gilt nicht nur für das wirkliche, physische Hinfallen, sondern auch für das Scheitern im Beruf oder in der Partnerschaft und auch für den Fall aus dem Bekanntseins in die Unbedeutsamkeit oder aus dem Anerkanntsein in das Abgelehnt-Werden. Da braucht es Menschen, die mich stützen, die zu mir stehen, die mich nicht fallen lassen.

Die dritte Gefahr ist, dass einer allein nicht warm wird beim Schlafen. Ich brauche einen anderen Menschen, um innerlich warm zu werden, nicht nur beim Schlafen, sondern auch beim Ausruhen. Wenn ich allein in meinem Haus bin und nichts zu tun habe, kann es leicht kalt um mich werden. Auch diesen Satz kann man bildhaft verstehen: Ich brauche die Bezogenheit zu einem Menschen oder zu Gott, um Wärme in mir zu verspüren. Ohne Beziehung wird das Leben kalt. Und die vierte Gefahr: Wenn einer mich überfällt, bin ich hilflos. Ich brauche andere Menschen, die mir beistehen. Gerade wenn ich im Kollegenkreis oder in einem Verein oder in einer politischen Partei Intrigen oder Mobbing ausgesetzt bin, brauche ich jemanden, der mir hilft, mich von den negativen Gedanken der anderen nicht überfallen, nicht beeinträchtigen zu lassen.

Die Bibel kennt auch die Klage über die Einsamkeit. Aber diese Klage richtet der Mensch immer an Gott. Indem er sich an Gott wendet, wird die Einsamkeit erträglich. So wendet sich die Königin Ester in ihrer Todesangst, in der sie sich allein ihren Feinden ausgesetzt fühlt, an Gott mit dem Gebet: »Herr, unser König, du bist der Einzige. Hilf mir! Denn ich bin allein und habe keinen Helfer außer dir; die Gefahr steht greifbar vor mir« (Est 4,17). So kann sie ihre Angst überwinden. Sie ist nicht mehr allein. Sie hat einen mächtigen Helfer: Gott selbst.

Der Psalmist betet in seiner Verzweiflung: »Ich liege wach, und ich klage wie ein einsamer Vogel auf dem Dach« (Ps 102,8). Der Beter fühlt sich bedrängt von Feinden, die ihn verhöhnen und ihm Übles wollen. Er leidet an seiner Einsamkeit, kann sich darin aber an Gott wenden. Und so wandelt sich seine Klage über die Einsamkeit in Vertrauen auf Gottes Hilfe: »Er wendet sich dem Gebet der Verlassenen zu, ihre Bitten verschmäht er nicht« (Ps 102,18). Eine ähnliche Klage finden wir in den Klageliedern. Da sagt der Beter über das Schicksal Jerusalems: »Weh, wie einsam sitzt da die einst so volkreiche Stadt« (Klgl 1,1). Doch auch hier folgt nach der Klage das Vertrauen auf die Hilfe des Herrn: »Gut ist es, schweigend zu harren auf die Hilfe des Herrn. Gut ist es für den Mann, ein Joch zu tragen in der Jugend. Er sitze einsam und schweige, wenn der Herr es ihm auferlegt« (Klgl 3,26–28). Gott selbst kann es dem Menschen in seiner Not auferlegen, einsam zu sitzen und zu schweigen, weil er sein Wirken nicht versteht. Aber dieses einsame und schweigende Sitzen ist keine Verzweiflung, sondern ein Weg, das unbegreifliche Tun Gottes langsam nochzuvollziehen. Wer die Einsamkeit aushält, der wird irgendwann erkennen: »Hat er betrübt, erbarmt er sich auch wieder nach seiner großen Huld« (Klgl 3,32).

Jesus selbst – so schildert es uns vor allem der Evangelist Lukas – sucht immer wieder einsame Orte auf, um zu beten (vgl. Lk 4,42). Bevor er seine Jünger beruft, geht er »auf einen Berg, um zu beten. Und er verbrachte die ganze Nacht im Gebet zu Gott« (Lk 6,12). Jesus betet zudem in der Einsamkeit, bevor er seine Jünger danach fragt, für wen die Leute ihn halten (Lk 9,18). Er sucht die Einsamkeit, um zu beten, um die Beziehung zu seinem Vater zu spüren. Er braucht die Einsamkeit. Sie ist der Ort, an dem er sich eins fühlt mit dem Vater, und an dem er vor

Gott das Geheimnis seiner eigenen Person und seiner Sendung erspürt. Aber manchmal fühlt er sich auch einsam mitten unter den Jüngern, weil sie ihn einfach nicht verstehen. Das schildert uns vor allem der Evangelist Markus. Jesus hat zweimal dafür gesorgt, dass einmal für fünftausend und einmal für viertausend Menschen genug Brot zum Sattwerden da ist. Doch als er nach der zweiten Brotvermehrung mit den Jüngern über den See fährt, spürt er ihr Unverständnis und spricht sie an: »Was macht ihr euch darüber Gedanken, dass ihr kein Brot habt? Begreift und versteht ihr immer noch nicht? Ist denn euer Herz verstockt? Habt ihr denn keine Augen, um zu sehen und keine Ohren, um zu hören?« (Mk 8,17f). Aus diesen Worten hört man heraus, dass er darunter leidet, dass die Jünger ihn nicht verstehen. Es ist die Einsamkeit des Propheten und Lehrers. Jesus hat das Gefühl, dass sein Wirken und Lehren umsonst war. Die Jünger sind gleichsam blind für das, was er eigentlich mit seinem Wirken und mit seinen Worten deutlich machen wollte. Als Jesus vom Berg der Verklärung herabsteigt und auf die Jünger trifft, die vergeblich einen besessenen Jungen zu heilen versuchen, ruft er aus: »O du ungläubige Generation! Wie lange muss ich noch bei euch sein? Wie lange muss ich euch noch ertragen?« (Mk 9,19). Er ist mitten in seinem Jüngerkreis, aber er fühlt sich allein, unverstanden, enttäuscht. Die Enttäuschung ist häufig der Grund, dass wir uns einsam fühlen. Wir haben den Eindruck, dass wir den anderen nicht erreichen.

Die Einsamkeit Jesu gipfelt in seinem Schrei am Kreuz: »Mein Gott, mein Gott, warum hast du mich verlassen?« (Mk 15,34). Er fühlt sich in der Einsamkeit des Kreuzes von seinen Jüngern verlassen, die bei der Gefangennahme alle geflohen sind. Und er fühlt sich auch von Gott verlassen. Er hat in seinem Auftrag die Frohe Botschaft vom Reich Gottes verkündet, das uns nahegekommen ist. Aber die Menschen haben ihn nicht verstanden. Und jetzt scheint ihn auch Gott verlassen zu haben. Er hat ihm nicht geholfen, dem Kreuz zu entgehen. Doch Jesus wendet sich in seiner Einsamkeit und Verlassenheit trotzdem an ihn. Und so wandelt sich das Gefühl der Verlassenheit in Vertrauen. Denn die Worte, die Jesus am Kreuz spricht, sind ein Zitat aus dem Psalm 22. Und dieser mündet in die Erfahrung: »Ich will deinen Namen meinen Brüdern verkünden, inmitten der Gemeinde dich preisen … Denn er hat nicht verachtet, nicht verabscheut das Elend des Armen. Er verbirgt sein Gesicht nicht vor ihm; er hat auf sein Schreien gehört« (Ps 22,23.25f). Jesus zeigt uns einen Weg, wie wir mit unserem Gefühl von Einsamkeit, von Nicht-Verstandenwerden, von Verlassenwerden umgehen können. All diese Gefühle dürfen sein. Aber wir sollen sie vor Gott zum Ausdruck bringen und uns mit unserer Einsamkeit Gott hinhalten. Dann kann sich die Einsamkeit in Vertrauen verwandeln. Wir können in unserer Einsamkeit auch auf Jesus am Kreuz schauen. Dann fühlen wir uns nicht allein. Dann haben wir Anteil an ihm, der alle Verlassenheit überwunden hat.

Im Johannesevangelium spricht Jesus zweimal davon, dass Gott ihn nicht alleingelassen hat. In den Gesprächen mit den Juden stößt er auf Unverständnis. Diese Streitgespräche sind aber zugleich Gespräche mit uns heute. Auch wir verstehen Jesus oft nicht. Doch im Johannesevangelium scheint er darunter nicht zu leiden. Er sagt: »Er, der mich gesandt hat, ist bei mir; er hat mich nicht allein gelassen, weil ich immer das tue, was ihm gefällt« (Joh 8,29). Auch wenn die Menschen ihn alleinlassen, Gott ist immer bei ihm. Hier ist es das Alleinsein mitten unter jenen, denen er seine Botschaft verkünden möchte. Vor seinem Leiden erlebt Jesus eine andere Einsamkeit: die inmitten der vertrauten Jünger. Sie lassen ihn in seiner Passion allein: »Die Stunde kommt, und sie ist schon da, in der ihr versprengt werdet, jeder in sein Haus, und mich werdet ihr allein lassen. Aber ich bin nicht allein, denn der Vater ist bei mir« (Joh 16,32). Die Art und Weise, wie Jesus damit umgeht, alleingelassen zu werden, ist ein Vorbild für uns. Er erfährt genau wie wir, immer wieder in Einsamkeit zu geraten und von Freunden verlassen zu werden. Das tut weh. Den Schmerz können wir nicht überspringen. Aber wir sollen immer wissen: Gott ist bei uns. Uns ist das oft nicht Trost genug. Jesus hatte eine so tiefe Verbindung zum Vater, dass dieses Einssein mit ihm ihn über alle menschliche Enttäuschung und über das Verlassenwerden hinweg getragen hat. Jesus verheißt uns im Johannesevangelium, dass wir in ihm sind und er in uns. Und aus dieser Einheit heraus werden wir fähig, wie er die Einsamkeit als Ort dieser Einheit mit Gott zu erfahren. Denn Jesus selbst und der Vater wohnen in uns, wie er uns verheißt: »Wenn jemand mich liebt, wird er an meinem Wort festhalten; mein Vater wird ihn lieben, und wir werden zu ihm kommen und bei ihm wohnen« (Joh 14,23). Wenn wir dieses Wort in unser Herz fallen lassen und daran glauben können, zieht uns die Einsamkeit unter den Menschen nicht den Boden unter den Füßen weg. Wir sind mitten im Alleingelassenwerden innerlich getragen von Gott. Wir sind nicht allein. Gott ist bei uns und mit uns und in uns.

Die Kunst,
mit sich allein zu sein

Auf dem Hintergrund der Beschreibung der Einsamkeit und der biblischen Worte darüber möchte ich nun einige Wege aufzeigen, wie man gut mit sich allein sein kann. Manchmal sind wir tatsächlich gerne allein mit uns selbst. Wenn ich zum Beispiel einen Kurs gehalten habe, dann freue ich mich darauf, den ganzen Sonntagnachmittag allein zu sein. Dann ist mein Bedürfnis nach Kommunikation gestillt und ich genieße das Alleinsein. Ich lebe in einer klösterlichen Gemeinschaft. Wir treffen uns fünf Mal am Tag zum gemeinsamen Gebet und drei Mal zu den Mahlzeiten. Bei der Arbeit habe ich ständig mit Mitbrüdern und Angestellten und anderen Menschen zu tun. Da freue ich mich auf meine Klosterzelle, um dort allein zu sein. Das Alleinsein bedeutet für mich aber nicht Nichtstun. Vielmehr kann ich in meiner Zelle lesen und meditieren und ich habe Zeit zum Schreiben. Insofern ist es ein erfülltes Alleinsein. Solche Zeiten wird jeder kennen. Wenn er sonst gute

Beziehungen und immer wieder mit Menschen zu tun hat, dann braucht die Seele das Alleinsein. An dieser Einsamkeit leiden wir nicht. Aber ich möchte auch auf die Bewältigung negativer Erfahrung von Alleinsein eingehen.

Das Betrauern der eigenen Einsamkeit

Manchmal fühle ich mich ebenfalls allein. Ich habe dann den Eindruck, dass die anderen mich nicht verstehen. Oder sie wollen ständig etwas von mir. Aber wie es mir geht, darum kümmert sich niemand. Dann spüre ich mein Bedürfnis nach der Nähe lieber Menschen. Doch ich rufe in solchen Situationen nicht irgendeinen Freund an. Ich halte das Alleinsein bewusst aus und stelle mich ihm. Ich spüre in meinen Leib hinein und erahne, wo diese Traurigkeit über das Alleinsein sitzt. Es ist meistens der Brustbereich. Dann gehe ich mit meinem Bewusstsein in diese Traurigkeit hinein und nehme sie wahr. Ich lasse sie zu. Sie darf sein. Ich sage mir: »Ja, mein Bedürfnis nach Verstandenwerden, nach Nähe wird jetzt nicht erfüllt. Mit meinen Gedanken und Gefühlen bleibe ich allein. Wenn ich jemanden brauche, ist niemand da. Alle wollen etwas von mir. Aber wie es mir geht, danach fragt keiner.« Solche und ähnliche Gedanken steigen dann in mir auf. Ich lasse sie zu und verbiete sie mir nicht. Aber ich gehe durch diese Gedanken und durch die Trauer hindurch in den Grund meiner Seele. Und da glaube ich – und habe es in der Meditation auch oft erfahren –, dass in mir ein Raum der Stille ist. Dort, auf dem Grund meiner Seele, wohnt Gott in mir. Dort bin ich im Einklang mit mir selbst, komme ich in Berührung mit dem ursprünglichen und unverfälschten Bild, das Gott sich von mir gemacht hat.

Wenn ich so mit mir im Einklang bin, dann leide ich nicht an meiner Traurigkeit. Im Gegenteil: Die Traurigkeit führt mich in den Grund meiner Seele. Sie gibt meinem Herzen einen eigenen Geschmack, einen bitter-süßen Geschmack, den ich durchaus genießen kann. Und ich weiß: Wenn Gott in mir wohnt, dann wohnt das Geheimnis in mir. Denn Gott kann ich nicht fassen. Er ist – wie Karl Rahner immer wieder gesagt hat – das unbegreifliche Geheimnis. Ich erinnere mich selbst in solchen Momenten daran, dass die deutsche Sprache die drei Worte »Heim«, »Heimat« und »Geheimnis« zusammensieht: Daheim sein kann man nur, wo das Geheimnis wohnt. Dort, im Grund meiner Seele, bin ich bei mir daheim.

Das Betrauern meiner Einsamkeit hat noch eine andere Bedeutung: So lösen sich die Illusionen auf, die ich mir vom Leben gemacht habe. Zu diesen Illusionen zählt, dass ich immer und überall beliebt bin, dass ich genügend Freunde habe, die mich immer stützen. In diesem Augenblick des Alleinseins habe ich niemanden, der bei mir ist. Und das gilt es auszuhalten. Aber dann spüre ich, dass das Alleinsein wesentlich zu mir als Mönch gehört. Und wenn ich meine Illusionen loslasse, werde ich offen für Gott. Dann verweist mich mein Alleinsein auf Gott. Ich kann mit Jesus sagen: »Ich bin nicht allein. Mein Vater ist bei mir.« In der schmerzlichen Situation der Einsamkeit bekommt dieses Wort auf einmal eine existenzielle Bedeutung. Ich versuche, es in mich hineinfallen zu lassen, es zu kosten und zu schmecken. Dann schenkt es mir ein Gefühl von Geborgenheit und Heimat und meine Einsamkeit wird zu einer Offenheit für Gott. Sie wird zum Gebet zu Gott. In diesem Gebet höre ich dann seine Zusage, dass er bei mir ist und mich niemals alleinlässt. Wenn dieses Wort tief genug in mich hineinfällt, fühle ich mich in Gott geborgen und von ihm getragen. Ich stelle mir dann vor, dass seine Liebe mich einhüllt und dass sie mich durchdringt. Wenn ich mich mit diesem Bild selbst wahrnehme, spüre ich mich intensiv. Es ist eine schöne und zugleich tiefe Erfahrung meiner selbst und letztlich eine Gotteserfahrung.

Ich leide nicht an meiner Einsamkeit. Nur manchmal spüre ich die Trauer über das Alleinsein. Aber die Frage bleibt, wie beispielsweise eine Frau mit ihrer Einsamkeit umgehen kann, die sie in der Ehe spürt. Sie hat das Gefühl, dass sie ihren Mann nicht mehr erreicht. Sie leidet unter seiner Gefühlskälte oder auch unter seiner Tendenz, nur nach außen zu gehen und dort im Erfolg das Ziel seines Lebens zu sehen. Er merkt gar nicht, dass die Kommunikation mit seiner Frau abgebrochen ist, dass sie gar nicht mehr über ihre Gefühle und ihre Beziehung sprechen können. Auch hier ist der erste Schritt, die Situation so, wie sie ist, zu betrauern, indem man sich eingesteht, dass man andere Vorstellungen von der Beziehung hatte. Aber die sind nicht in Erfüllung gegangen. Oft jammern wir nur über diese unerfüllten Erwartungen. Doch das Jammern führt letztlich nicht weiter. Das Betrauern dagegen in den inneren Raum unterhalb der Einsamkeit, unterhalb der Enttäuschung, der Bitterkeit, der Hoffnungslosigkeit. Ich gelange in den Raum der Stille, auf dem Grund meiner Seele. Dort bin ich ganz ich selbst. Dort spüre ich, dass ich nicht nur Ehepartner bin, sondern ein einmaliges Bild Gottes. Ich komme in Berührung mit der Quelle der Liebe, die auf dem Grund meiner Seele sprudelt. Und diese Liebe kann mir niemand nehmen. Sogar die Enttäuschung über die abhandengekommene Liebe kann mich in Berührung bringen mit dieser inneren Quelle.

Nur wenn man seine Einsamkeit allein für sich betrauert hat, kann man mit dem Partner so sprechen, dass es nicht zur Anklage wird, sondern zur Einladung, wieder ins Gespräch zu kommen. Ich werde dann über meine eigenen Gefühle sprechen, ohne Angst zu haben, dass ich wieder neu verletzt werde. Ich stehe zu meinen Gefühlen. Der Psychotherapeut Tobias Brocher meint: »Einsamkeit in der Ehe wird umso unerträglicher, je länger sie unausgesprochen ertragen werden muss, weil die innere Leere der Beziehung aus Gewohnheit, vermeintlichem Schutzbedürfnis oder Vermeidung nicht ausgesprochen werden kann. Meist erfolgt solche offene Aussprache deshalb nicht, weil merkwürdigerweise beide Partner glauben, den anderen bereits so genau zu kennen, dass sie nicht mehr auf eine Veränderung hoffen könnten, die größere Nähe in der Zukunft bedeuten würde« (Brocher 170). Wenn ich zuerst meine eigene Situation, meine zerbrochenen Lebensträume, meine eigene Unfähigkeit zur Kommunikation betrauere, werde ich fähig sein, meine innere Befindlichkeit auch dem Partner gegenüber auszusprechen. Und dann ist vielleicht ein Gespräch darüber möglich, wie wieder mehr Nähe entstehen könnte. Viele ziehen sich jedoch immer mehr in die Einsamkeit zurück, was häufig zur Folge hat, dass sie krank werden. Brocher beschreibt das so: »An die Stelle einer Explosion, die solchen Gefühlen des Ausgeleertwerdens Luft machen würde, erfolgt eine Art Implosion – eine Explosion nach innen –, die sich in kaum erkennbarer Depression, Hoffnungslosigkeit und schließlich ernsthafter physischer Krankheit ausdrücken kann« (Brocher 170).

Sobald man den Mut findet, die Situation anzusprechen, kann man gemeinsam betrauern, dass die Beziehung momentan so ist, wie sie ist. Das wird noch nicht alles ändern. Aber zumindest kann man im Gespräch auf einmal wieder Nähe spüren, sich gesehen und verstanden fühlen. Natürlich gibt es Partner, die auf solch ein Gesprächsangebot nicht eingehen oder auf die Offenbarung meiner Befindlichkeit reagieren, indem sie alles harmonisieren oder bagatellisieren, indem sie sagen: »Es ist doch alles nicht so schlimm. Eigentlich ist doch alles in Ordnung zwischen uns.«

Wenn das Gespräch nicht gelingt, muss ich auch das betrauern. Ich bleibe dann nicht in der Resignation stecken oder gerate in Depression. Depression ist oft verweigerte Trauer. Vielmehr führt mich das Betrauern in den inneren Raum der Stille, in dem ich das Potenzial meiner Fähigkeiten entdecke. Ich komme mit mir in Berührung. Ich spüre, dass ich etwas für mich tun kann. Ich versuche, das zu leben, was meinem Inneren entspricht. Dann leide ich nicht so sehr an der Einsamkeit. Ich akzeptiere sie als Weg zum inneren Potenzial meiner Seele und zur inneren Heimat. Und vielleicht blühe ich dann auf. Ich definiere mich nicht mehr von der Beziehung her, sondern aus mir selbst, allerdings immer in der Hoffnung, dass wieder ein neues Miteinander möglich wird. Es ist gut, sich dann bewusst dem Alleinsein zu stellen und sich vorzustellen: Ich bin mit allem eins, was in mir ist. Ich bin einverstanden mit meiner Enttäuschung, mit meiner momentanen Realität. Ich genieße mein

Alleinsein. Ich bin nicht nur der Partner, die Partnerin des anderen. In mir sind andere Möglichkeiten. Meine Seele ist voller Träume. Ich genieße in der Einsamkeit den Reichtum meiner Seele. Und ich frage mich, was in mir aufblühen möchte. So kann ich mit meinem wahren Selbst in Berührung kommen, mit dem einmaligen Bild, das Gott sich von mir gemacht hat. Dieses innere Bild, dieses wahre Selbst kann nicht verletzt werden durch die Verletzungen und Kränkungen des anderen.

Das Betrauern der eigenen Einsamkeit ist in vielen Situationen der Vereinsamung ein wichtiger Weg. Zum Beispiel auch für alleinstehende ältere Menschen, die entweder schon immer allein gelebt haben oder aber den Partner, die Partnerin nach vielen Ehejahren verloren haben. Auch ihnen bleibt nichts anderes übrig, als zu betrauern, dass sie ihr Leben lang allein sind oder jetzt durch den Tod des anderen an ihrer Einsamkeit leiden. Viele Wünsche ans Leben haben sich nicht erfüllt oder sind zerbrochen. Das tut weh. Aber wenn ich im Betrauern durch den Schmerz hindurchgehe, finde ich in meinem Schmerz doch in den Grund meiner Seele. Und dort erahne ich, wer ich eigentlich bin und was das Wesentliche im Leben ist. Es geht nicht in erster Linie darum, ob ich allein lebe oder in Gemeinschaft, sondern dass ich das einmalige Bild Gottes in mir entdecke und es lebe, dass ich meine ganz persönliche Lebensspur in diese Welt eingrabe. Wenn ich mein Alleinsein akzeptiere, wird mein Leben fruchtbar für andere. Ich habe vielleicht nicht viele Begegnungen. Aber ich habe meine eigene Ausstrahlung. Und ganz gleich, ob ich vielen oder wenigen Menschen begegne, ich hinterlasse meine persönliche Lebensspur. Ich möchte nicht, dass es eine bittere, dunkle, unzufriedene, zerrissene Spur ist. Ich möchte eine Spur der Hoffnung und der Zuversicht eingraben, eine Spur der Barmherzigkeit und der Liebe. Wenn mir das bewusst wird, wird aus der Vereinsamung eine Einsamkeit, die mich zu meinem innersten Wesen führt und mich dazu antreibt, meine persönliche Lebensspur bewusst in diese Welt einzugraben.

Positive Deutungen
des Alleinseins

Peter Schellenbaum meint einmal, es sei doch wunderbar, allein zu sein. Und er deutet das Wort »allein« von »all-eins« her: mit allem und allen eins sein. Die

Kunst der Menschwerdung besteht für ihn darin, das Alleinsein in ein All-Eins-Sein zu verwandeln. Diese Deutung hilft mir auch manchmal in meiner Einsamkeit. Ich stelle mir vor, dass ich auf dem Grund meiner Seele mit allen Menschen eins bin. Zuerst denke ich an die, die mir nahestehen, meine Freunde, meine Geschwister. Es ist eine Erfahrung des Einsseins, die nicht unbedingt den unmittelbaren Austausch braucht. Ich muss meine Geschwister nicht anrufen. Ich fühle mich mit ihnen verbunden. Ich spüre die gemeinsame Wurzel. Ich spüre, wie viel uns in der Tiefe unseres Herzens miteinander verbindet. Und in diesem Einssein bete ich für sie, dass es ihnen gutgeht, dass ihr Leben und dass ihre Familien gesegnet seien. Dann gehe ich in Gedanken zu den Menschen, die mir gerade einfallen, die einmal eine wichtige Rolle in meinem Leben gespielt haben oder noch spielen. Auch mit ihnen fühle ich mich eins. Anschließend stelle ich mir vor, dass ich mit allen Menschen auf der Erde eins bin. Was sie bewegt, das bewegt auch mich. In der Tiefe unserer Seele sind wir alle miteinander verbunden. Das erweitert meinen Horizont: Hier in dieser kleinen Klosterzelle bin ich mit allen Menschen verbunden. Mir wird klar, was Evagrius Ponticus in seinem Buch »Über das Gebet« sagt: »Ein

Mönch ist ein Mensch, der sich von allem getrennt hat und sich doch mit allem verbunden fühlt. Ein Mönch weiß sich eins mit allen Menschen, denn immerzu findet er sich in jedem Menschen« (Gebet 124 und 125). Dieses Einssein mit allen Menschen ist für mich eine Quelle der Inspiration. Das, was ich denke, denken auch andere. Das, was ich schreibe, wird auch andere berühren, weil wir in der Tiefe unserer Seele eins sind. Wenn ich in anderen Ländern Vorträge halte, freue ich mich, dass meine Bücher auch von den Menschen in Südamerika und Asien, in den Ländern des früheren Ostblocks, in Frankreich und in Italien und Spanien gerne gelesen werden. Wenn ich mich im Alleinsein mit allen Menschen eins fühle, wird mir klar, dass uns letzlich ähnliche Fragen bewegen. Und ich kann verstehen, dass die Menschen in fernen Ländern und aus fremden Kulturen trotzdem meine Gedanken begreifen. Meine Gedanken bringen sie mit der Weisheit ihrer Seele in Berührung. Sie führen sie auch in den Grund ihrer Seele, in dem wir alle miteinander eins sind und verbunden sind.

Das »All-eins-Sein« beziehe ich auch auf Gott. Im Grund meiner Seele bin ich eins mit ihm, mit dem Urgrund allen Seins. Dieses Einssein hat einen persönlichen und einen überpersönlichen Aspekt. Ich fühle mich eins mit Gott, der mich in seinem Wort in der Bibel anspricht und der mich jetzt liebevoll anschaut. Ich fühle mich eins mit Jesus Christus, dessen Worte ich lese, dessen Heilungsgeschichten ich meditiere, der jetzt in mir ist, der mich auf dem Grund meiner Seele in Berührung bringt mit meinem wahren Selbst. Aber ich fühle mich in Gott auch eins mit dem Urgrund der Welt. Und so ist das Einssein mit Gott zugleich ein Einssein mit der ganzen Schöpfung. Das führt mich auch dazu, mit mir selbst eins zu sein, mit den verschiedenen Strömungen in mir, mit meinen Gegensätzen, meinen Stärken, aber auch mit meinen Schwächen, mit dem Gelungenen und dem Misslungenen, eins zu sein auch mit meiner Schuld. Auch sie trennt mich nicht von Gott, sondern bricht mich auf für ihn.

Diese Erfahrung des »All-eins-Seins« könnte auch für jene hilfreich sein, die sich in ihrer Beziehung einsam und unverstanden fühlen. Sie sollten sich vorstellen, dass sie mit vielen Menschen eins sind, mit ihren Freunden und Freundinnen, mit ihren Eltern und Geschwistern, mit ihren Kindern, aber darüber hinaus mit allen Menschen auf der ganzen Welt. Das erweitert ihren Horizont. Sie sind nicht nur die Partner eines, einer anderen. Sie sind auch eins mit allen Menschen auf der ganzen Erde. Sie sind getragen von allen, zugehörig zu allen. Und sie sind eins mit Gott. Dann kann es helfen, das Wort Jesu zu meditieren: Der oder die andere hat mich innerlich verlassen, »aber ich bin nicht allein, denn der Vater ist bei mir« (Joh 16,32). Das Alleinsein ist nicht mehr nur Schmerz, sondern wird zu einer tiefen spirituellen Erfahrung: mit sich selbst im Einklang und so mitten in den Spannungen der Beziehung dennoch im Frieden mit sich zu sein.

Doch das Alleinsein wird nicht von selbst zu einer solchen geistlichen Erfahrung. Der Psychologe und Priester Henri Nouwen hatte sich für sieben Monate in ein Trappistenkloster zurückgezogen, um allein zu sein. Aber dann machte er die bittere Erfahrung, »dass Alleinsein nicht notwendig zu innerem Frieden und zur Einsamkeit des Herzens führen muss, sondern dass es auch Groll und Bitterkeit erzeugen kann« (Nouwen 80). Er erinnerte sich an die Zeit, da er seine Lehrtätigkeit in Holland aufgegeben und sich ein Zimmer in der Stadt gemietet hatte, um für sich allein zu arbeiten. Doch dieser Lebensabschnitt war für ihn eher belastend gewesen: Niemand besuchte ihn. Er hatte das Gefühl, nicht mehr gebraucht zu werden. Keiner fragte nach ihm. Seine Umgebung tat, als wäre er nicht mehr da: »Das Ironische an der Sache war gewesen, dass ich mir immer gewünscht hatte, allein zu sein, um arbeiten zu können, aber als ich schließlich alleingelassen worden war, konnte ich nicht arbeiten, sondern begann, mürrisch, verärgert, sauer, hasserfüllt und verbittert zu werden und mich zu beklagen« (Nouwen 80).

Und so betrachtet er seine Zeit im Trappistenkloster als eine Gelegenheit, sich auf den Moment vorzubereiten, in dem er nicht mehr gebraucht würde: »Hier habe ich die Gelegenheit, die Empfindungen der Bitterkeit und der Feindseligkeit ins Auge zu fassen, die in mir hochkommen, und sie als Zeichen geistlicher Unreife zu entlarven. Hier habe ich die Gelegenheit, sowohl das Alleinsein zu erfahren als auch nach und nach die Möglichkeit wahrzunehmen, Gott zu begegnen, der auch dann treu bleibt, wenn sich niemand mehr um mich kümmert. Hier habe ich die Gelegenheit, meine Gefühle des Alleinseins in die Erfahrung fruchtbarer Einsamkeit umzuwandeln und es Gott zu ermöglichen, in die Leere meines Herzens zu ziehen«

(Nouwen 81). Auch für den so spirituellen Menschen Henri Nouwen war das Alleinsein nicht automatisch eine schöne Erfahrung. Er musste es einüben, damit es kein Ort der Bitterkeit mehr ist, sondern einer, an dem Gott selbst in sein Herz einzieht, um darin zu wohnen. Dann fühlte er sich nicht mehr allein.

Die existenzielle und religiöse Bedeutung von Einsamkeit

Ähnlich wie das Wort »allein« eine positive Bedeutung haben kann, wenn man es als »mit allem eins sein« versteht, so gilt das auch für das Wort »Einsamkeit«. Die Nachsilbe »sam« war ursprünglich ein eigenes Wort und bedeutete: »mit etwas übereinstimmend, zusammenhängend, passend, geneigt, gleich«. Einsam meint also eigentlich: Die Neigung zum Einssein oder mit meiner inneren Einheit übereinstimmend, mit mir selbst eins sein. Von seiner ursprünglichen Bedeutung her ist Einsamkeit also etwas Positives, etwas, das zum Menschen gehört. Die Bedeutung ist ähnlich wie das All-eins-Sein. Aber hier richtet sich der Blick nicht auf viele Menschen, mit denen ich mich verbunden fühle, sondern mehr auf mich selbst: Ich bin mit mir selbst eins. Johannes

Baptist Lotz versteht die Einsamkeit als »Einkehr in sich selbst«, als »Einkehr in das Geheimnis des Seins« (Lotz 39). Diese Einsamkeit als die Einkehr in den innersten Grund des Seins ist der Ursprung jeder Begegnung: »Das ist die gesegnete, beglückende, unendlich bereichernde Einsamkeit, die ihresgleichen nicht hat und unentbehrlich ins Leben gehört« (Lotz 42). Wer seinem eigenen inneren Grund entfremdet ist, dem entfremden sich auch die Dinge, dem bleiben alle Dinge fremd.

Aber nicht nur von der Sprache her kann ich meine Einsamkeit positiv sehen. Mir fallen dazu einige Definitionen und Sentenzen von Theologen und Philosophen ein. Sie helfen mir, nicht über meine Einsamkeit zu jammern, sondern sie als etwas Gutes zu sehen. Da ist einmal Paul Tillich. Er meinte, Religion sei das, was jeder mit seiner Einsamkeit anfängt. Ich kann über die Einsamkeit jammern oder aber sie als den Ort annehmen, an dem ich Gott erfahre. Religion ist kein Ersatz für nicht erfüllte Bedürfnisse. Religion ist auch keine fromme Verzierung eines erfolgreichen Lebens. Sie ist das, was aus der Einsamkeit wächst. Offensichtlich ist die Einsamkeit wichtig, um offen zu werden für Gott. In ihr begegne ich meiner eigenen Wahrheit. Und nur, wer seiner Wahrheit begegnet, kann auch Gott begegnen. Das wussten schon die frühen Mönche. Evagrius Ponticus sagt: »Willst du Gott erkennen, lerne vorher dich selbst kennen« (PG 40,1268B). Indem ich bewusst in die Einsamkeit gehe und auf alle Ablenkung verzichte, geht mir Gott in seinem Geheimnis auf.

Zum geistlichen Weg gehört die Einsamkeit. Als Mönch habe ich bewusst Alleinsein und Einsamkeit gewählt. Allerdings lebe ich beides in einer Gemeinschaft. Die Mönchsgemeinschaft entspricht jedoch nur dann dem Ideal des frühen Mönchtums, wenn beide Pole ausgeglichen miteinander verbunden sind. Das Wort »Mönch« kommt von griechisch *monazein*, das bedeutet: »sich absondern«, »allein leben«, »mit Gott allein leben«. Der Theologe Dionysius Areopagita hat den Begriff um das Jahr 500 allerdings anders gedeutet, und zwar als Ableitung von *monas*, was »Einheit« bedeutet. Er versteht den Mönch als einen Menschen, der die Teilung in Mann und Frau überwunden und zur ursprünglichen Einheit zurückgefunden hat. Er bezieht sich dabei auf den griechischen Mythos, der davon erzählt, dass der Mensch ursprünglich eins war, ein Kugelmensch. Aber weil

Zeus Angst vor ihm hatte, spaltete er ihn in Mann und Frau. Seitdem versucht der Eros diese Einheit wiederherzustellen. Dionysius schreibt: »Sie werden Mönche genannt aufgrund des ungeteilten und einheitlichen Lebens, welches ihnen durch heiligen Wiederzusammenschluss der zerteilten Aspekte dieses Lebens einen lauteren Einheitscharakter verleiht, sodass sie zu einer gottähnlichen Einheit werden können und gottgefällige Vollendung erlangen.« In diesem Satz kommt eine urmenschliche Sehnsucht zum Ausdruck: dass sich das Männliche und Weibliche verbinden und auch die Sehnsucht nach dem Einssein mit sich selbst und mit Gott.

Der jüdische Psychologe Manès Sperber spricht von der Einsamkeit als einer »Quelle schöpferischer Kräfte«. Und er meint, dass jeder Religionsgründer letztlich die Einsamkeit gesucht hat: »Jeder von ihnen verlässt die Seinen, entfernt sich von jeder Siedlung, verschwindet und kehrt nicht eher zurück, bevor er in der Einsamkeit eine Wahrheit, seine Wahrheit gefunden hat, ehe ihm eine Stimme, ein brennender und nicht verbrennender Dornbusch die Botschaft offenbart hat, die er nun den anderen bringen soll« (Sperber 17). Die Wahrheit, die uns weiterbringt, erkennen wir nicht im Trubel, sondern nur in der Einsamkeit. Wenn ich mich in meiner Einsamkeit daran erinnere, verwandelt sie sich. Ich spüre: Ich kann mir Gedanken machen über das Wesentliche. Was bewegt mich eigentlich? Was ist der Mensch? Wie kann ich Gott verstehen? Was ist das Geheimnis der menschlichen Existenz? Und wie gelingt die Menschwerdung? Wer weist uns den Weg? Die Einsamkeit ist also eine Quelle der Inspiration und ein Weg, der mich zu meiner tieferen Wahrheit und zum Geheimnis des menschlichen Lebens führt und mich öffnet für das absolute Geheimnis, für Gott.

Der mittelalterliche Philosoph Duns Scotus hat den Satz geprägt: »Zur Person gehört letzte Einsamkeit – *Ad personalitatem requiritur ultima solitudo*« (Lotz 30). Kein Mensch kann daher seiner Einsamkeit entgehen. Als Mensch sind wir eben vereinzelt. Wir können dem anderen nur begegnen, wenn wir auf eigenen Füßen stehen. So ist die Einsamkeit der Ort, an dem ich mein Personsein entdecken kann: Wer bin ich als Mensch? Was ist mein Geheimnis? Nach Sören Kierkegaard ist »Person jenes Seiende, das sich zu sich selbst verhält oder sich als es selbst vollzieht« (Lotz 35). Doch zur Person gehört auch, dass sie offen für andere ist und offen, von Gott angesprochen zu werden. Es geht also nicht darum, die Einsamkeit mit allen möglichen Beschäftigungen zu überspielen. Vielmehr gehört zum Weg der Selbstwerdung das Innewerden der eigenen Einsamkeit. Dann werde ich mir selbst als Person bewusst.

Ich erlebe in den letzten Jahren immer häufiger, dass junge Menschen zwischen 18 und 24 Jahren an Depressionen leiden. Im Gespräch mit ihnen ist mir aufgegangen, dass sie häufig Angst haben, einsam zu sein. Die Einsamkeit macht sie traurig. Doch um die einmalige Person zu werden, die ich bin, ist es notwendig, die eigene Einsamkeit anzunehmen. Sie gehört zu mir. Und nur wenn ich mich damit aussöhne, werde ich wirklich erwachsen, werde ich wirklich eine Person, die in Beziehung zu sich selbst und zugleich offen für andere ist.

Weiter oben habe ich schon das Wort von Arthur Schopenhauer zitiert, der die »Einsamkeit als Quelle des Glücks und der Gemütsruhe« versteht. Schopenhauer war eher ein pessimistischer Philosoph. Er hat sich vom Buddhismus inspirieren lassen. Ihm war der Weg nach innen wichtig. Und der gelingt seiner Ansicht nach nur in der Einsamkeit: »Man ging nach außen in alle Richtungen, statt in sich zu gehen, wo jedes Rätsel zu lösen ist« (zit. Safranski 84). Die Einsamkeit gehört daher für ihn zum Menschen. In ihr kann er nach innen gehen und dort im Innern das Glück suchen, das ihm die Welt außen nicht bieten kann. Im Betrachten der Welt kommt man nach Schopenhauer nicht zur Ruhe. Da sieht man nur Dunkelheit und unlösbare Rätsel. Doch im Innern kommt man zur Gemütsruhe.

Heute sehnen sich viele Menschen angesichts der überbordenden Kommunikationsmöglichkeiten und der ständigen Konfrontation damit nach Einsamkeit als einer Quelle der inneren Erneuerung. Oder aber sie genießen das Alleinsein, um dem Druck zur ständigen Kommunikation zu entgehen. Diese Sehnsucht nach Einsamkeit können wir auch in der Geschichte immer wieder beobachten. Im 18. Jahrhundert ruft die oft übertrieben zelebrierte Geselligkeitskultur den Wunsch nach wiederholtem Alleinsein hervor. Spannend ist, dass Karl Eugen sein Lustschloss bei Ludwigsburg »Solitude« nennt. Der Schriftsteller Jean Jaques Rousseau zieht sich immer wieder auf die Petersinsel im Bielersee zurück »und beschreibt in den Träumereien eines »promeneur solitaire« das Glück, sich in der

Natur wiedergefunden zu haben. Der Pädagoge Heinrich Pestalozzi überschreibt sein Selbstbekenntnis mit »Abendstunde eines Einsiedlers«. »Einsamkeit schenkt ›Selbstgenuss‹ – so lautet im ›Werther‹ und anderen empfindsamen Romanen das Stichwort« (Binder 95). Alle großen Dichter schätzen die Einsamkeit. Goethe trägt eine eigene Sicht von Einsamkeit vor, wenn er sie als Selbstgenuss beschreibt. Sie kann allerdings nur dann zum Selbstgenuss führen, wenn man gerne lebt und mit sich selbst im Einklang ist.

Ich erlebe die Einsamkeit manchmal als Selbstgenuss, wenn ich nach vielen Gesprächen in meine Klosterzelle komme. Dann kann ich das Alleinsein genießen. Der Selbstgenuss darf jedoch nicht zur Selbstgenügsamkeit werden, bei der ich mich von anderen absondere und mich nur mit mir selbst beschäftige. Für Goethe ist Genuss nicht Vergnügen, »sondern Teilhabe an fremder Existenz«. Im Gedicht »Eins und Alles« schreibt er: »Sich aufzugeben ist Genuss«, das heißt: »Ich muss nicht mein Ich-Sein, aber meine Ichbezogenheit aufgeben, wenn ich zum Seienden einschließlich meiner selbst gelangen will« (Binder 101f). Es gibt Menschen, die so viel Zeit für sich selbst brauchen, dass sie nicht mehr fähig sind, ihren Lebensunterhalt zu verdienen. Dann ist es ein narzisstischer Selbstgenuss, aber keine Quelle von Fruchtbarkeit, wie Goethe die Einsamkeit verstanden hat. Er hat immer beides zusammen gesehen in seiner »Weltfrömmigkeit«: »die Zuwendung zur Welt und die Einkehr bei sich« (Binder 96).

Von Friedrich Nietzsche stammt das Zitat: »Wer die letzte Einsamkeit kennt, kennt die letzten Dinge.« Für ihn ist die Einsamkeit also eine Quelle der Erkenntnis. Sie dient nicht dazu, wissenschaftliches Wissen zu erlangen, sondern in den Grund der Welt zu schauen, die letzten Dinge zu erkennen, das, was »die Welt im Innersten zusammenhält«. Alle Weisen haben die Einsamkeit geliebt. Sie sind weise geworden durch die Begegnungen mit anderen Menschen, aber auch, indem sie sich in die Einsamkeit zurückgezogen haben. Von Nietzsche stammt auch ein anderes Wort: »Ich liebe dich, o meine Einsamkeit.« Er brauchte die Einsamkeit, um es in der Welt auszuhalten. Allerdings hatte er in seiner Einsamkeit nicht nur tiefe Einsichten erhalten, sondern sich auch in Wahnvorstellungen hineingesteigert. So braucht es nicht nur die Einsamkeit, sondern auch die richtige Einstellung zum Leben. Für uns Christen ist diese Einstellung letztlich im Glauben gegeben, der die Welt so deutet, wie es Gott entspricht und wie es für die Menschen heilsam ist.

Der schwäbische Dichter Hermann Hesse hat die innere Situation des heutigen Menschen in seinen Gedichten gut getroffen. Aber er spricht nicht nur das subjektive Gefühl des Sich-Alleinfühlens an. Für ihn gehört die Einsamkeit wesentlich zum Menschen. Wie oben schon erwähnt, stammen von ihm die Zeilen: »Leben ist Einsamsein. Kein Mensch kennt den andern, jeder ist allein.« Das ist einfach eine Behauptung. Wir müssen damit leben, dass wir allein sind. Wir können diesem Schicksal nicht entrinnen. Die Frage ist, was wir aus unserer Einsamkeit machen, ob wir sie – wie Paul Tillich sagt – in Religion verwandeln, in das Vertrauen, dass wir von Gott gehalten sind und dass er unsere tiefste Sehnsucht erfüllt oder ob wir über unsere Einsamkeit jammern. Dann würde unsere Einsamkeit zur Vereinsamung führen. Denn wer seine Einsamkeit ablehnt, isoliert sich von sich selbst und von den Menschen. Hermann Hesse kommt auf das Thema der Einsamkeit in einem anderen Gedicht zu sprechen. Es hat die Überschrift: »Allein«. Er schildert darin das menschliche Leben, wie es ist: Wir reisen in der Welt herum, wandern viele Wege. Wir sind oft in Gesellschaft, zu zweit oder zu dritt. Wir arbeiten und bauen uns ein Haus. Aber alles, was wir tun, mündet in das eine Ziel: den Tod. Und diesen letzten Schritt durch den Tod hindurch müssen wir alleine gehen. Andere können uns begleiten auf unserem letzten Weg. Aber diesen letzten Schritt kann uns niemand abnehmen. Da liegt es allein an uns, durch das dunkle Tor des Todes hindurchzugehen und uns in Gottes Liebe fallen zu lassen. Hesse lädt den Leser in seinem Gedicht dazu ein, jetzt schon das zu tun, was uns den letzten Schritt erleichtert. Wir sollen jetzt schon einüben, das Schwere allein zu tun. Auch zuvor, in unserem Leben im Hier und Jetzt, gibt es genügend Situationen, die wir alleine bewältigen müssen. Wir müssen Entscheidungen alleine treffen, die uns niemand abnehmen kann. Wir werden mit Erfahrungen der Einsamkeit konfrontiert. Sie lasten oft schwer auf uns. Doch dieses Schwere der Einsamkeit müssen wir alleine bewältigen. Andere können uns beistehen. Aber wegnehmen kann uns niemand dieses Gefühl, wir müssen uns selbst unserer Einsamkeit annehmen.

Der Schweizer Psychologe C. G. Jung hat im Alter öfter über die Einsamkeit geschrieben. So heißt es einmal in einem Brief: »Einsamkeit ist für mich eine Heilquelle, die mir das Leben lebenswert macht. Das Reden wird mir öfters zur Qual, und ich brauche oft ein mehrtägiges Schweigen, um mich von der Futilität der Wörter zu erholen.« Für Jung ist die Einsamkeit also etwas Kostbares, eine Quelle, die heilsam für seine Seele ist. Er sagt aber auch: »Ich bin auf dem Abmarsch begriffen und schaue nur zurück, wenn es nicht anders zu machen ist. Diese Abreise ist an sich schon ein großes Abenteuer, aber keines, über das man ausführlich reden möchte« (Jung 95). In der Einsamkeit kommt er mit dem Geheimnis seines wahren Selbst in Berührung.

Einem Bittsteller, der unbedingt mit dem alten und erfahrenen Therapeuten Jung über seine persönlichen Probleme sprechen wollte, schrieb er, er solle in seiner Umgebung nach Menschen suchen, es gäbe dort genügend, die ihm weiterhelfen könnten. Und dann verweist er darauf, dass auch der Papst nur einen einfachen Beichtvater hat und nicht einen der Kardinäle: »Wenn Sie einsam sind, so liegt das daran, dass Sie sich isolieren. Sind Sie bescheiden genug, dann bleiben Sie niemals einsam. Nichts isoliert uns mehr als Macht und Prestige. Versuchen Sie, herabzusteigen und Bescheidenheit zu lernen, und Sie werden nie allein sein!« (Jung 93). Das ist eine interessante Einsicht: Wenn ich bescheiden bin, bin ich nie einsam. Dann finde ich immer Menschen, mit denen ich sprechen, denen ich mich zuwenden könnte. Oft haben wir den Eindruck, es gäbe keine geeigneten Gesprächspartner für uns. Aber es liegt an unserem Anspruch, den perfekten Menschen dafür zu finden. Neben uns gibt es genügend andere, die wir ansprechen und denen wir uns öffnen könnten.

Ein anderer Herr, der unangemeldet an Jungs Tür geklopft hatte, um mit ihm zu sprechen, war von der Sekretärin mit dem Hinweis abgewiesen worden, Jung sei nicht zu sprechen. Dieser Herr hatte einen Zettel hinterlassen, auf dem er Jung einen »Mangel an Menschsein« vorwarf, weil er ihn nicht sprechen wolle. Jung schrieb ihm darauf, dass er das Alleinsein brauche, gerade jetzt im Alter von 82 Jahren. Und dann schließt er seinen Brief mit den Worten: »Vielleicht werden Sie eines Tages auch verstehen und erfahren, dass nur der Mensch, der wirklich und ohne Bitterkeit imstande ist, allein zu sein, andere Menschen anzieht. Er braucht sie dann gar nicht mehr zu suchen, sie kommen von ganz allein, und zwar diejenigen, die auch er selber braucht« (Jung 99). Menschen, die über ihr Alleinsein klagen, drücken damit aus, dass sie nicht bei sich sind. Und weil sie nicht bei sich selbst bleiben können, kommt auch niemand zu ihnen. Das ist ein Teufelskreis, der sie in immer größere Einsamkeit hineintreibt. Der einzige Ausweg besteht nach Jung darin, sein Alleinsein anzunehmen und die Einsamkeit als Heilquelle zu sehen. Dann ergeben sich auch Begegnungen mit Menschen, die einem guttun, und man fühlt sich nicht mehr allein. Wenn ich jedoch von einem Menschen erwarte, dass er mir meine Einsamkeit nimmt, überfordere ich ihn und gerate in immer tiefere Einsamkeit.

Abgeschiedenheit

In der Mystik nutzt man für die Einsamkeit einen anderen Begriff: Abgeschiedenheit. Der bekannteste mittelalterliche Mystiker, Meister Eckhart, liebt dieses Wort. Es meint nicht nur, dass wir uns von der Welt zurückziehen. Das ist sicher eine wichtige Einübung in die innere Haltung der Abgeschiedenheit und oft auch ein Test, ob wir wirklich Abschied genommen haben von der Welt und ihren Maßstäben. Doch Abgeschiedenheit ist für Meister Eckhart vor allem eine innere Haltung. Sie meint: frei sein von der Welt. Man könnte sie auch Entweltlichung nennen, so wie die Mönche ihr Leben verstanden haben: sich von der Welt zurückziehen und ihr keine Macht mehr über das eigene Leben geben. Der Philosoph Peter Sloterdijk nennt diese Haltung Weltfremdheit. Und er meint, die Mönche hätten diese vorbildhaft zum Ausdruck gebracht. Sie gehört jedoch auch zum Wesen des Menschen. Wir werden nur wahrhaft frei, wenn wir mitten in der Welt auch Distanz zu ihr haben. Abgeschiedenheit braucht einen Abschied von der Welt, eine Trennung von allem, was Welt ausmacht. Aber dieser Abschied bedeutet nicht unbedingt eine äußere Trennung. Meister Eckhart spricht davon, dass es darum geht, abgeschieden mitten in der Welt zu leben und diese aus der inneren Abgeschiedenheit heraus zu gestalten.

Das deutsche Wort »abgeschieden« wird heute mehr im Sinn von »zurückgezogen, einsam, tot« verwendet. Bei Meister Eckhart ist es dagegen ein spiritueller Ausdruck. Er meint, dass wir bei allem, was wir tun, innerlich abgeschieden, getrennt, frei sind von weltlichen Interessen, von der Sucht nach Anerkennung oder Besitz, frei von unseren Bedürfnissen. Die

Abgeschiedenheit ist die Voraussetzung, dass Gott zu uns kommen kann. Für Meister Eckhart ist sie die höchste aller Tugenden. Sie übertrifft sogar noch die Liebe: »Denn alle Tugenden haben irgendein Absehen auf die Geschöpflichkeit, während die Abgeschiedenheit losgelöst von allen Geschöpfen ist« (Eckhart 83). Er deutet das Wort, das Jesus zu Martha gesagt hat, als er sie und ihre Schwester Maria besuchte, so: »Martha, wer unbetrübt und lauter sein will, der muss *eines* haben, das ist *Abgeschiedenheit*« (Eckhart 83).

Abgeschiedenheit bedeutet für Meister Eckhart, »dass ich für nichts empfänglich bin als für Gott« (Eckhart 84). Abgeschieden sein heißt, gänzlich losgelöst zu sein von aller Kreatur. Und das ist die Bedingung, dass Gott zum abgeschiedenen Menschen kommen und in ihm wohnen kann. Der abgeschiedene Mensch zwingt Gott gleichsam zu sich selbst (Eckhart 87). »Der Mensch, der so in voller Abgeschiedenheit steht, der wird so in die Ewigkeit entrückt, dass ihn nichts Vergängliches mehr bewegen kann, dass er nichts mehr empfindet, was leiblich ist, und er heißt tot für die Welt, denn ihm schmeckt nichts, das irdisch ist« (Eckhart 87). Dabei hat Abgeschiedenheit jedoch nichts mit freudloser Askese zu tun.

Vielmehr gilt: »Niemand ist frohgemuter, als der da steht in der größten Abgeschiedenheit« (Eckhart 97).

Nicht jeder wird seine Einsamkeit im Sinn von Meister Eckhart als Abgeschiedenheit deuten. Aber darin kommt für mich etwas Wesentliches zum Ausdruck. Es ist letztlich die Konkretisierung dessen, was Jesus meint, wenn er sagt: »Sie sind nicht von der Welt, wie auch ich nicht von der Welt bin« (Joh 17,16). Wenn ich meine Einsamkeit mit dem, was Meister Eckhart unter Abgeschiedenheit versteht, verbinde, dann kann ich sie genießen. Einsamkeit ist dann etwas, was meinem Wesen entspricht. In ihr nehme ich Abschied von der Bindung an die Welt. Ich definiere mich nicht mehr von ihr her, nicht mehr von Ansehen und Besitz, nicht mehr von Macht und Ruf. Vielmehr spüre ich, dass die Welt keine Macht mehr über mich hat. Ich bin frei. Und ich bin offen für Gott. Ich bejahe meine Einsamkeit als den Ort, an dem ich in Berührung komme mit meinem wahren Wesen und mit meiner tiefsten Sehnsucht. Ich spüre, dass ich zwar in der Welt lebe, aber nicht aufgehe in dem, was sie von mir oder von Menschen überhaupt erwartet.

Wenn ich über die Abgeschiedenheit nachdenke, dann verstehe ich das Wort Jesu: »Die Füchse haben ihre Höhlen und die Vögel ihre Nester; der Menschensohn aber hat keinen Ort, wo er sein Haupt hinlegen kann« (Lk 9,58). Er zitiert hier ein griechisches Sprichwort, das davon handelt, dass der Mensch von seinem Wesen her unbehaust ist. Er lebt in der Welt, aber die Welt ist ihm nicht letzte Heimat. Denn sein Geist legt sich nicht zur Ruhe. Er ist immer in Bewegung, immer sucht er voller Sehnsucht den, der die Weite seines Geistes erfüllen kann. Und das ist allein Gott. In der Einsamkeit wird mir bewusst, dass ich mich als Mensch hier in dieser Welt nicht für immer einrichten kann, sondern nur auf Zeit. Ich liebe meine Heimat, in der ich meine Kindheit verbracht habe. Ich liebe meine jetzige Heimat, die Abtei Münsterschwarzach. Aber ich weiß, dass das nicht meine letzte Heimat ist. Ich bin immer unterwegs auf Gott hin. Ich kann zwar Rast machen auf dem Weg, aber für immer ausruhen werde ich mich erst in Gottes Ewigkeit. So suche ich schon hier nach Gott, den ich nie ganz erfassen werde. Ich muss mich mit seinen Spuren in der Welt und in meinem Herzen begnügen.

Die Gefahr
der Vereinsamung

In die Haltung der Abgeschiedenheit zu finden ist jedoch für viele Menschen ein langer Übungsweg. Sich mit der Einsamkeit anzufreunden, fällt nicht jedem leicht – gerade dann nicht, wenn man sich die Einsamkeit nicht selbst ausgesucht hat, sondern durch äußere Umstände dazu gezwungen wird. Eine solche erzwungene Einsamkeit führt daher bei vielen Menschen tatsächlich zur Vereinsamung, die ihnen nicht nur die Lebensfreude nimmt, sondern tatsächlich zu einer ernsthaften gesundheitlichen Bedrohung werden kann.

Gerade in den letzten Jahren, die geprägt waren von der Pandemie und damit verbunden von Lockdowns und Vereinzelung, ist die Gefahr der Vereinsamung in der Gesellschaft deutlich gewachsen, vor allem unter älteren Menschen. Der Zukunftsforscher Horst W. Opaschowski meint, 84 Prozent der älteren Menschen hätten heute wesentlich mehr Angst, dass sie unter einem Mangel an Kontakten als an einem Mangel an Geld leiden. Sie haben Angst, einsam zu sterben, keinen Besuch von ihren Angehörigen zu bekommen. Die wachsende Vereinsamung alarmiert auch die Ärzte. So kann man im deutschen Ärzteblatt lesen, Vereinsamung sei »gleichbedeutend mit permanentem Stress. Im Vergleich zu nicht einsamen Menschen schlafen einsame schlechter und können sich weniger gut erholen. Sie ernähren sich außerdem ungesünder, konsumieren mehr Alkohol und Zigaretten und bewegen sich weniger. Darüber hinaus leiden sie häufiger unter Herz-Kreislauf-Erkrankungen und Depressionen, klagen über ein verringertes Wohlbefinden und über eine schlechte Lebensqualität, haben ein geschwächtes Immunsystem, mehr Suizidgedanken und sterben früher« (Ärzteblatt vom 7. Juli 2020). Der Zusammenhang zwischen Vereinsamung und einer Zunahme von Demenzfällen ist wissenschaftlich noch nicht einwandfrei erwiesen, aber Forschungen lassen zumindest einen solchen vermuten. Denn wer sich vereinsamt fühlt, hat wenig Energie zum Leben und fällt dann leichter ins Vergessen.

Was die Erfahrung der Vereinsamung verstärkt, ist Krankheit. Durch die Pandemie waren viele Betroffene allein mit ihrer Krankheit. Das hat die Einsamkeit noch vertieft. Selbst wenn man Besuch bekommt und die Pflegekräfte sich liebevoll um einen kümmern, fühlt man sich mit seiner Krankheit doch allein und mit der Ungewissheit, ob man noch einmal gesund wird. Wenn man dann noch gezwungenermaßen von seinen Angehörigen getrennt und ihnen der Besuch verboten wird, wird das Gefühl der Einsamkeit immer bedrückender.

Einsamkeit und Tod gehören wesentlich zusammen. Auch wenn andere uns im Sterben begleiten, spüren wir, dass wir durch das Tor des Todes allein gehen müssen. Da kann niemand mehr mit uns sein. In der Pandemie wurde die Einsamkeit des Todes noch dadurch verstärkt, dass viele wirklich allein sterben mussten, ohne Beistand, ohne Trost, ohne Menschen, die ihnen die Hand hielten und für sie beteten. Zudem war ihnen bewusst, dass auch die Beerdigung ohne die vielen Menschen stattfinden wird, die ihnen im Leben wichtig waren. Man kann natürlich sagen, was nach dem Tod geschieht, das sollte dem Sterbenden gleichgültig sein. Aber es berührt einen doch. In jedem steckt der Wunsch, nach dem Tod noch einmal gewürdigt zu werden von den Menschen, die einem nahestanden. In einem seelsorglichen Gespräch erzählte mir ein 82-jähriger Mann, er sei durchaus bereit zu sterben. Doch er wolle nicht jetzt gehen müssen. Der Abschied aller Bewohner seines Dorfes war für ihn wichtig. Das Gefühl, dass er von vielen gewürdigt werden würde, erleichterte den Gedanken an das Sterben. Er hatte den Eindruck, dass sein Leben dann einen würdigen Abschluss finden könnte.

Die Vereinsamung kann durch äußere Faktoren verstärkt werden, wie beispielsweise die Kontaktsperre während des Lockdowns. Vereinsamung hat aber immer auch innere Ursachen. Oft haben davon betroffene Menschen keinen guten Kontakt zu sich selbst. Sie sind sich entfremdet. Wenn dann der Kontakt zu Außenstehenden, zur Welt wegfällt, verstärkt sich das Gefühl der Vereinsamung. Somit wächst die Gefahr der Schwermut. Man fühlt sich wertlos und oft auch schuldig, fragt sich, warum niemand einen besucht. Man hält sich für so wertlos, dass keiner an einen denkt. So wächst eine innere Angst, die der Philosoph O. F. Bollnow so beschrieben hat: »Alles bunte und farbige Leben erstarrt und verblasst in der Angst« (Kölbel 118).

Die tiefste Gefährdung der Vereinsamung aber ist die Verzweiflung. Man sieht keinen Sinn mehr in seinem Leben. Viele verzweifeln an dieser Sinnlosigkeit, an dem Gefühl, nicht mehr beachtet, nicht mehr gebraucht zu werden. Sie fragen sich: Warum soll ich denn noch weiterleben? An mir ist doch niemand interessiert.

Das Problem vieler vereinsamter Menschen ist, dass sie sich selbst und anderen letztlich fremd sind. Sie betrachten Menschen als Objekte und nicht als Personen, mit denen sie eine Beziehung eingehen. Oft schieben Vereinsamte die Schuld an ihrer persönlichen Lage daher auf andere, sie sagen: »Die haben kein Interesse an mir.« Aber sie sind selbst oft unfähig, deren Zuwendung wahrzunehmen und sich darauf einzulassen. Denn letztlich bleibt der andere für sie ein Fremder. Sie sind nicht fähig, ihn als jemanden zu sehen, der etwas lebt, was auch in ihnen selbst ist. Manchmal führt dann die Vereinsamung dazu, dass man versucht, dem zu schaden, von dem man sich eine gute Beziehung erhofft hatte. Der Autor Gerhard Kölbel schloss daraus: »So ist bedrückende Einsamkeit die Wurzel vieler, wenn nicht aller Gewaltverbrechen« (Kölbel 115). Die Vereinsamung kann zu so starker Selbstverachtung und zu so großem Selbsthass führen, dass man »fähig wird, sich auf die schmerzlichste Weise zu quälen oder quälen zu lassen« (Kölbel 115). Manchmal führt die daraus resultierende Hoffnungslosigkeit auch dazu, seinem Leben selbst ein Ende zu setzen.

Weil die Vereinsamung so bedrückend ist, versucht man, Auswege daraus zu finden. Doch manche Lösungen tragen nicht, sondern verstärken nur die Einsamkeit. Manche versuchen dann beispielsweise möglichst viele Kontakte zu haben, in Kneipen, in Kinos, bei Sportveranstaltungen. Sie suchen Geselligkeit. Doch gerade darin fühlen sie sich noch einsamer. Bloße Gesellschaft hebt die Einsamkeit nicht auf. Man erlebt dann viele Menschen, aber man fühlt sich nicht wirklich verbunden mit ihnen.

Eine andere Flucht vor der Einsamkeit ist die sogenannte empfindsame Einsamkeit, wie sie beispielsweise durch Goethes Roman »Die Leiden des jungen Werther« im 18. Jahrhundert ausgelöst wurde: »In dieser Zeit suchte man die Einsamkeit, um ungestört ein egozentrisches ›empfindsames‹ Innenleben zu entfalten. Besonders waren es dem Leben entfremdete, eitel in sich selbst verliebte Menschen, die ihre ver-

meintlich reiche Gefühls- und Geisteswelt nicht der
Profanität geselligen Alltags opfern wollten« (Kölbel
108). Doch das ist keine Überwindung der Vereinsamung. Sie wird vielmehr »in wehmütig süßes Leid
aufgelöst und als solche genossen. Der Empfindsame
ist in seiner inneren Welt gefangen; er transzendiert
sein Ich nicht mehr« (Fichte, zit. in Kölbel 108).

Ein anderer vermeintlicher Ausweg aus der Einsamkeit ist die Flucht in die Grandiosität. Einer meiner
Freunde ist Therapeut. Er erzählte mir, dass manche
seiner Klienten, die an Beziehungslosigkeit leiden, das
dadurch überspringen, dass sie sich einreden: »Wir
sind schon verschmolzen mit dem Göttlichen. Wir
brauchen keine Beziehungen wie die anderen. Wir
stehen über diesen Bedürfnissen.« Doch irgendwann
werden sie doch mit ihrem Bedürfnis nach menschlicher Nähe konfrontiert und fallen dann unsanft in
die Realität. Natürlich kann Spiritualität dabei helfen, die Einsamkeit zu verwandeln. Wir haben das
im vorigen Kapitel bei Meister Eckhart und anderen
Mystikern gesehen. Die Mönche versuchen, ihre Einsamkeit auch für ihren Weg zu Gott fruchtbar werden
zu lassen. Das ist eine gute Weise, das Bedrückende dieser Situation in eine wohltuende und befruch-

tende Einsamkeit zu verwandeln. Aber diese Art der Einsamkeit führt immer auch zu einem Gefühl tiefer Gemeinschaft mit anderen. Wer so lebt, nimmt auch den Schmerz der Einsamkeit wahr, übersteigt ihn nicht, sondern verwandelt ihn in eine intime Nähe zu Gott. Er hält die Einsamkeit aus und darin Ausschau nach Gott. Was die Klienten in ihren Therapiegesprächen zu meinem Freund sagten, ist jedoch eine Leugnung der Bedürftigkeit nach Beziehung und damit eine Flucht in Grandiosität. Sie erheben sich über ihre menschlichen Bedürfnisse und enden dann oft in Hoffnungslosigkeit und Verzweiflung. Wer versucht, seine Einsamkeit als Einladung zu sehen, in Gott seinen Grund zu finden, der bleibt ein Mensch mit dem Bedürfnis nach Nähe. Und er weiß, dass sich Gott nicht immer zeigt. So leiden auch solche Menschen manchmal an der Abwesenheit Gottes. Doch sie glauben an seine Gegenwart und halten so bewusst Ausschau nach dem Gott, der sich ihnen in der Schönheit der Schöpfung zeigt, der aber auch in ihnen ist als ein Feuer, das sie wärmt, als eine Liebe, die sic erfüllt.

Mit einer solchen Art der Verwandlung der Einsamkeit – so meint der Literaturwissenschaftler Helmut

Brall – sollte man vorsichtig sein: »Das ideologische Umschmieden von Ohnmachtserfahrungen in machtvolle Verweigerungsattitüden ist freilich ein charakteristischer Zug, den man an unterschiedlichen Einsamkeitsideen beobachten kann, zumal bei jenen, die aus einer pessimistischen Diagnose ihrer Gegenwartsgesellschaft erwachsen« (Levend 139). Ob die Verwandlung der Einsamkeit gelingt oder nicht, zeigt sich einmal in der Grundeinstellung zum Menschen und zur Welt und zum anderen an der Wirkung nach außen. Wenn der Rückzug in die Einsamkeit ein Protest gegen die »schlechte Welt« ist, dann gleicht das einer Flucht in die Grandiosität. Man stellt sich über die böse Gesellschaft. Diese Art der Einsamkeit hat etwas Aggressives, weil sie eine Anklage an die Welt und eine Verachtung der anderen ist. Die Einsamkeit, die die Mönche zum Beispiel als Einsiedler in der Wüste gelebt haben, hat sie innerlich mit anderen Menschen verbunden. Daher haben sie andere angezogen und wurden für viele zum geistlichen Begleiter. Sie waren keine Menschenverächter, sondern wurden in der Einsamkeit barmherzig und sanft. Daher ist für den Wüstenvater Evagrius Ponticus die Sanftmut das eigentliche Kriterium, ob ein Mönch auf dem richtigen Weg ist oder ob er sich über andere stellen möchte. Das deutsche Wort

»Sanftmut« kommt von »Sammeln«: Der Sanftmütige hat den Mut, alles in sich zu sammeln, alles in sich anzuschauen und zu integrieren. Das führt dazu, dass er auch andere nicht bewertet. Alles, was er in ihnen sieht, hat er auch bei sich selbst gesehen. So fühlt er sich in seiner Einsamkeit im Tiefsten verbunden mit allen Menschen. Von ihm geht etwas aus, das andere anzieht. Von einem, der in seine Einsamkeit flüchtet, um alle anderen anzuklagen oder als »bürgerlich« zu entwerten, geht eine negative Wirkung aus. Er zieht keine Menschen an, sondern stößt sie ab.

Die Gestaltung des Alleinseins

Manche Menschen fühlen sich abends oft allein. Oder sie leiden besonders am Wochenende an ihrer Einsamkeit. Solange sie bei der Arbeit unter anderen Menschen sind, geht es ihnen einigermaßen gut. Dann sind sie abends so müde, dass sie nicht mehr viel anderes tun können, als sich auszuruhen oder früh schlafen zu gehen. Dann ist die Einsamkeit nicht so schwer erträglich. Gerade Alleinstehende beklagen sich oft darüber, dass sie am Wochenende einsam sind. Wenn sie mit anderen etwas unternehmen möchten, dann ist es immer an ihnen, andere anzurufen und Freunde oder Freundinnen zu fragen, ob sie Zeit und Lust hätten, zu wandern oder ins Theater oder ins Kino zu gehen. Oft tun sie sich schwer, andere darum zu bitten. Sie haben Angst, ihnen lästig zu fallen. Viele leiden auch darunter, dass sie das, was sie bei der Arbeit tun oder was sie gerade persönlich bewegt, keinem anderen erzählen können. Sie haben wie jeder Mensch das Bedürfnis, sowohl das Schöne, das sie erleben, als auch das Leid mit jemandem zu teilen. Aber wenn niemand da ist, dem man davon erzählen kann, dann fühlt man sich trotz guter und beglückender Erfahrungen während des Tages am Abend allein.

Ich kann nicht immer mein Alleinsein so bewusst wahrnehmen, wie ich es oben in Bezug auf das Betrauern der Einsamkeit beschrieben habe. Aber es hilft auch nichts, einfach nur herumzusitzen und darüber zu jammern, dass ich mich allein fühle. Es ist meine Verantwortung, die Zeit, in der ich allein bin, auch zu gestalten. Wenn ich nur so dahinlebe, wird die Einsamkeit schmerzlich oder aber einfach nur banal. Meine Lebenslust wird immer weiter abnehmen. Die Antriebslosigkeit und die Freudlosigkeit werden mir alle Energie rauben und mich depressiv machen. Von allein wird die Einsamkeit nicht zu einer guten Zeit. Ich muss etwas tun. Es ist meine Verantwortung, wie ich damit umgehe. Es braucht kein hektisches Tun, kein Zustopfen der Einsamkeit mit möglichst vielen Aktivitäten. Entscheidend ist, dass ich selbst mein Alleinsein gestalte und ihm eine Form gebe, die mir guttut. Es gibt viele Wege, das anzugehen.

Die Zeit strukturieren

Der erste Schritt auf dem Weg, mein Alleinsein zu gestalten, ist, dass ich meine Zeit strukturiere. Ich weiß: Ich habe diesen Abend vor mir, an dem ich allein sein werde. Was möchte ich tun? Wie kann ich ihn gestalten? Ich könnte mir Zeit nehmen, um zu kochen und das Essen zu genießen. Dann schaue ich auf das Wetter: Ich könnte den Abend genießen, indem ich einen Spaziergang unternehme. Oder ich freue mich daran, ein Buch zu lesen oder Musik zu hören. Vielleicht arbeite ich auch noch etwas im Garten oder pflege meine Blumen. Manche sind am Abend in ihrem Antrieb wie gelähmt. Sie sind müde von der Arbeit und innerlich unzufrieden. Dann stopfen sie diese Unzufriedenheit mit Essen, Trinken und Fernsehen zu. Doch dabei fühlen sie sich nicht wohl. Die Unzufriedenheit wird sich in der Nacht in ihren Träumen äußern und sie am nächsten Morgen mit einer schlechten Stimmung aufwachen lassen. Wichtig ist das Gefühl: Das ist mein Abend, meine Zeit. Ich gestalte ihn so, wie es mir guttut.

Für mich sind die Abende immer zu kurz. Ich schreibe zuerst etwas, solange ich noch innerlich wach bin und es mir Freude macht. Dann genieße ich es, etwas zu lesen. Manchmal möchte ich noch Musik hören. Doch dann ist die Zeit meistens schon vorbei. Wenn ich sehr müde bin, fange ich mit dem Lesen an, bis ich mich nicht mehr konzentrieren kann. Anschließend suche ich mir ein Musikstück aus, das gerade an diesem Abend zu meiner Stimmung passt. Ich setze den Kopfhörer auf und lasse die Musik ganz in mich hineinfallen. Ich genieße es, jetzt nichts anderes tun zu müssen, als nur die Musik zu genießen.

Mir selbst wird am Wochenende nie langweilig. Viele Wochenenden sind durch Kurse belegt, die ich im Gästehaus gebe. Wenn ich keinen Kurs habe, freue ich mich auf den Samstagnachmittag. Da habe ich Zeit, etwas zu schreiben und dabei zwischendurch in die Bibliothek zu gehen, um auf die Suche nach Büchern zu gehen, die mit dem Thema zu tun haben, mit dem ich mich gerade beschäftige. Das Schreiben und Lesen hält mich lebendig. Und ich bin dankbar für die Faszination, die es für mich bedeutet, mich mit immer neuen Themen zu beschäftigen und ihnen auf den Grund zu gehen.

Ich genieße es auch, am Sonntag nach dem Frühchor eine gute Stunde lesen zu können. Am Sonntagnachmittag gönne ich mir zuerst einen kurzen Spaziergang und schreibe dann weiter oder lese in aller Ruhe. Ich brauche für den Sonntagnachmittag auch eine Struktur, die mich wachhält, das heißt, ich kann nicht drei Stunden am Stück lesen und brauche daher die Abwechslung zwischen Lesen und Schreiben, zwischen Musikhören und Nachdenken und Meditieren.

Vielen anderen Menschen, die allein leben, fällt es dagegen oft schwer, das Wochenende zu genießen. Wenn ich einfach so in das Wochenende hineinlebe, wird es mir auch nicht gut dabei gehen. Ich muss am Freitagabend oder auch schon früher in mich hineinhören: Was brauchen meine Seele und mein Leib? Worauf könnte ich mich am Wochenende freuen? Wie möchte ich es gestalten? Wenn ich mit Freunden eine Wanderung machen möchte, braucht es eine längere Vorbereitung. Wenn ich an diesem Wochenende keine Verabredung habe, was täte mir gut? Es ist dann wichtig, den Samstag und Sonntag zu planen: Wann stehe ich auf? Was habe ich am Samstag noch zu erledigen an Arbeiten im Haus oder Garten? Wie lange möchte ich arbeiten? Und was mache ich mit der freien Zeit? Lädt das Wetter zum Fahrradfahren oder zu einer kleinen Wanderung ein? Falls ja: Wo möchte ich unterwegs sein? Oder möchte ich einen kleinen Ausflug machen, eine Stadt anschauen, andere Sehenswürdigkeiten besuchen und mir dann später ein gutes Abendessen vor Ort gönnen?

Auch der Sonntag will geplant sein. Am Vormittag könnte ich einen Gottesdienst besuchen. Da bin ich unter Menschen, fühle mich getragen und angesprochen. Manch einer geht aber dann nach Hause und weiß nichts mit seiner Zeit anzufangen. Wenn ich nichts geplant habe, dann wäre es sinnvoll, jetzt in mich hineinzuhorchen: Welche Ideen kommen mir? Was könnte mir heute Freude machen? Ich erschrecke oft, wenn ich mit alleinstehenden Menschen spreche und sie mir sagen: »Mir macht gar nichts Freude. Ich kann mich für nichts begeistern.« Sie vergraben sich in ihrer Traurigkeit und Lustlosigkeit. Vielleicht muss ich dann erst mein Alleinsein betrauern: Ja, ich hätte viel lieber eine Familie, in der ich geborgen bin. Ich würde lieber etwas mit anderen tun oder eingebunden sein in eine Gruppe. Aber jetzt ist es so. Es schmerzt. Doch es ist zugleich auch meine Zeit. Es liegt an mir, was ich daraus mache. Wenn ich nichts finde, worauf ich heute große Lust habe, dann ist es schon eine Hilfe, meinen Tag zu strukturieren: Ich koche zuerst, genieße das Essen, gönne mir einen Mittagsschlaf, dann eine Tasse Kaffee und ein Stück Kuchen. Anschließend bin ich wieder wach, um beispielsweise zu lesen oder spazieren zu gehen. Oder ich gehe zuerst spazieren und lese dann bis zum Abendessen. Jetzt, am Nachmittag, habe ich Zeit, mich lange in ein Buch zu vertiefen. Wenn ich zwischendrin müde werde, kann ich ja etwas an die frische Luft gehen oder mich kurz aufs Bett legen, um dem nachzuspüren, was ich gelesen habe.

Entscheidend ist, dass ich meine Zeit gestalte. Sie wird dann zu meiner eigenen Zeit. Manche genießen es auch, ohne jede Verpflichtung und ohne jede Struktur einfach nur zu sein. Aber auch dann muss ich bei mir selbst sein. Ich höre auf mich, auf meine Seele, auf die inneren Impulse, die sie mir gibt. Wenn ich die Zeit einfach verrinnen lasse, mal das oder jenes tue, ohne dass ich wirklich in Berührung bin mit mir selbst, bin ich selbst schuld an meiner depressiven Stimmung. Dann ist es einfach nur ein Dahinleben, aber kein wirkliches Leben. Ich werde gelebt, aber ich lebe nicht selbst. Jüngere Menschen gestalten ihre Zeit gerne immer wieder anders. Wichtig ist, dabei immer wieder in sich hineinzuhorchen, was jetzt dran ist, was der Seele und dem Leib guttut. Ältere Menschen lieben es, wenn ihr Wochenende immer gleich abläuft. Sie fühlen sich darin zu Hause, wenn sie ihre tägliche Struktur im Alltag und eine andere am Wochenende haben. Sie müssen sich nicht viele Gedanken machen. Das Leben läuft einfach so ab. Aber sie sind zufrieden in diesem Ablauf. Meine Mutter hat nach dem Tod meines Vaters fast dreißig Jahre allein gelebt. Aber es wurde ihr nie langweilig, weil sie ihre feste Wochenstruktur hatte. Sie fühlte sich wohl darin. Sie hatte ihre klaren Abläufe während der Woche. Am Sonntag ging sie in den Gottesdienst und freute sich darauf, danach noch mit anderen zu sprechen. Am Nachmittag telefonierte sie lange mit ihrer Schwester, die in einem Orden war. Das war ihr festes Ritual am Sonntagnachmittag. Natürlich macht es nicht allein die Struktur. Entscheidend ist auch die innere Haltung, ob ich mich und mein Leben so, wie es ist, annehmen kann oder ständig dagegen rebelliere. Wenn ich dagegen rebelliere, wird mir auch die Zeit verhasst, vor allem die leere Zeit, die ich selbst nicht gestalte, sondern die einfach nur dahinläuft. Ich fühle mich so als Opfer meiner Einsamkeit.

Nicht umsonst haben selbst die kontemplativen Orden und die Schweigeorden ihren Tag gut strukturiert. Man kann nicht den ganzen Tag meditieren. Gerade die Karthäuser, die für sich allein in einer kleinen Klause leben, haben ihre feste Ordnung. Offensichtlich haben sie Erfahrung mit der Gestaltung der Einsamkeit. Damit man lebendig bleibt, braucht man einen Rhythmus. Das macht uns schon die Natur vor. Und das gilt auch für die Seele und den Leib des Menschen. Wenn die Zeit, die er allein verbringt, rhythmisiert und wohlgestaltet ist, tut sie ihm gut, ist es eine heilige und heilsame Zeit.

Rituale

Eine Möglichkeit, die Zeit zu strukturieren, sind feste Rituale. Gerade alleinstehende ältere Menschen brauchen solche als Alltagshilfen. Sie setzen sich einen Zeitpunkt, zu dem sie aufstehen, zu dem sie ihre Mahlzeiten einnehmen und zu Bett gehen. Und sie beginnen den Tag mit einem festen Ritual. Meine Mutter stand täglich um sieben Uhr auf. Nach dem Waschen und Anziehen betete sie zwei längere Gebete aus dem Gotteslob: Eines für ihren verstorbenen Mann. Das war ihr Erinnerungsritual an die 36

Jahre gemeinsamer Ehe, an das, was er ihr bedeutete. Sie spürte das Getragensein von dieser gemeinsamen Liebe und sie fühlte sich dadurch jeden Morgen mit ihm verbunden, der sie jetzt vom Himmel aus begleitete. Das andere war ein Morgengebet, in dem sie sagte: »Auch wenn ich nicht alle Menschen selbstlos lieben kann, hilf, dass ich keinen entmutige, der mir begegnet.« Mit diesem Gebet übte sie die Haltung der Liebe und Achtsamkeit ein. Es zeigte ihr, dass dieser Tag ein gesegneter Tag war, dass sie selbst unter dem Segen Gottes stand und dass sie zum Segen für ihre Kinder und Enkelkinder werden durfte und für die Menschen, denen sie an diesem Tag begegnete, wenn sie aus dieser Haltung der Achtsamkeit und Liebe heraus lebte. Um acht Uhr ging sie dann jeden Tag zur Eucharistiefeier, legte sich nach dem Frühstück aufs Sofa und betete zwei Rosenkränze für die Kinder und Enkelkinder. Dann hörte sie Kassetten, da sie nur noch drei Prozent Sehkraft hatte. Nach dem Mittagessen machte sie ihren Mittagsschlaf, trank dann eine Tasse Kaffee und tat das, was gerade dran war. So war der ganze Tag durch Rituale geprägt. Das hat ihr das Gefühl von Heimat gegeben. Sie hat ihren Tag selbst gestaltet und fühlte sich darin daheim. Sie war immer fröhlich, anstatt über ihr Alleinsein zu jammern. Natürlich hatte sie ebenfalls Kontakt zu ihren Kindern und zu Verwandten. Den nutzte sie auch per Telefon.

Rituale schaffen Heimat. Die ständige Wiederholung des immer Gleichen ermöglicht einen Raum der Geborgenheit. Erhart Kästner hat in seinem schönen Buch über die Stundentrommel auf dem Berg Athos von dieser Sehnsucht der menschlichen Seele nach dem immer wieder Gleichen geschrieben: »Neben dem Drang, die Welt zu gewinnen, liegt ein eingeborener Drang, immer Selbes aus uralten Formen zu prägen. In Riten fühlt die Seele sich wohl. Das sind ihre festen Gehäuse [...] Der Kopf will immer das Neue, das Herz will immer dasselbe« (Kästner 53). Die Rituale, die sich täglich wiederholen, schaffen einen Raum des Vertrauten. Und darin weiß sich die Seele auch von Gott selbst getragen. Es ist ein Raum der Heimat, weil das Geheimnis, weil Gott selbst diesen Raum gemeinsam mit uns bewohnt.

Eine andere heilsame Wirkung von Ritualen ist, dass sie uns in Berührung bringen mit den eigenen Wurzeln, mit der Lebens- und Glaubenskraft unserer Vorfahren. Für meine Mutter waren die Rituale einmal die Erinnerung an jene, die ihre Eltern und Großeltern vollzogen hatten. Sie brachte sie in Berührung mit ihrer Heimat, aber auch mit ihrer Kindheit. Sie übte die Rituale jedoch nicht im Blick zurück auf ihre Kindheit. Vielmehr hatte sie den Eindruck, dass sie jetzt teilhat am Glauben ihrer Eltern und Großeltern. Das verwurzelte sie im Glauben, den sie von ihren Eltern übernommen hatte. Ihre Eltern hatten mit diesen Ritualen ihr Leben bewältigt. Sie hatten sich daran festgehalten in Zeiten von Armut, Krankheit und Krieg. So konnte sie sich auch selbst an diesen Ritualen festhalten und dabei spüren, dass ihr von ihren Eltern, die jetzt bei Gott waren, Kraft und Zuversicht zuwuchs. Ihr Lebensbaum nährte sich aus den Wurzeln ihrer Vorfahren. So ließ er sich nicht entwurzeln, wenn etwas Schweres auf sie zukam. Trotz aller Schicksalsschläge – etwa beim Tod ihres Mannes und dann später ihrer Geschwister und zweier Enkelkinder – hielt sie sich an den Ritualen fest wie an einem Rettungsring, den ihr Gott selbst zuwarf, ein Halt, den ihr Gott mit seinem starken Arm gewährte. Je näher sie auf ihren Tod zuging, desto wichtiger waren ihr die vertrauten Rituale. Sie hatte das Gefühl, ihre verstorbenen Eltern und Geschwister begleiteten sie auf ihrem letzten Weg und würden ihr helfen, über die Schwelle des Todes zu schreiten, um dann ihre Gemeinschaft für immer zu genießen.

Viele, die allein leben, haben vor allem am Abend Probleme mit ihrer Einsamkeit. Sie überdecken sie, indem sie den ganzen Abend fernsehen. Manche haben sogar den ganzen Tag über den Fernseher an, obwohl sie gar nicht hinschauen. Aber schon dass da etwas läuft gibt ihnen das Gefühl, nicht allein zu sein. Da spricht jemand zu ihnen, auch wenn sie gar nicht hören, was er sagt. Sie fühlen sich noch zur Welt zugehörig. Sie sind noch nicht abgeschnitten von ihr. Am Abend hat das Fernsehen eine andere Bedeutung. Da schaut man irgendetwas an, zappt oft von einem Programm zum anderen, ohne eine Sendung bis zum Ende anzusehen. Dieses ständige Probieren und Schnuppern an den verschiedensten Sendungen ist reiner Zeitvertreib. Aber man hat sich am Ende nicht wirklich auf einen Film eingelassen, sondern überall nur hineingeschaut. Irgendwann geht man müde ins Bett, hat aber kein gutes Gefühl dabei. Man hat die Zeit nur totgeschlagen. Dann war es auch eine tote, leblose Zeit. Es ist vertane Lebenszeit, dabei könnte es eine angenehme Zeit sein, ein *kairos*, wie Jesus das nennt.

Auch ein Abend braucht Rituale, damit er zu meinem Abend wird. Meine Mutter hat manchmal auch ferngesehen. Aber sie hatte im Lauf der Woche ihre Sendungen, die sie bewusst anschauen wollte. Alles andere hat sie gelassen. Sie hat jeden Abend auf die Weise verbracht, die für sie stimmte. Manchmal hat sie Kreuzworträtsel gelöst oder ihre Kinder angerufen. Auch da hatte sie feste Rituale, wann sie jedes ihrer sieben Kinder anrief. Abgeschlossen hat sie dann mit dem Abendgebet. Wenn der Abend in ein Ritual mündet, bekommt der Tag einen guten Abschluss. Wer nach einem verzappten Fernsehabend einfach müde ins Bett geht, bei dem stellt sich ein Gefühl von Leere und Sinnlosigkeit ein. Wer dagegen den Tag in einem Gebet Gott hinhält, der kann ihn loslassen. Ein schönes Abendritual ist: Gott die Hände in Form der Schale hinzuhalten. Ich halte Gott hin, was ich heute in die Hand genommen habe, ich halte die Menschen hin, denen ich die Hand gegeben, die ich berührt habe. Und ich halte ihm auch meine Leere hin. Manchmal haben wir den Eindruck, dass uns der Tag zwischen den Fingern zerronnen ist. Dann halte ich diesen zerronnenen Tag, diesen an mir vorbeigegangenen, zerstückelten, brüchigen Tag Gott hin. Auf diese Weise wird er zu meinem Tag, bekommt er am Ende noch eine Gestalt. Und so kann ich ihn in Gottes Hände fallen lassen und mich dann in seinen guten Händen bergen und mich von ihnen getragen wissen.

Wer sich allein fühlt, der ist nicht in Berührung mit sich selbst. Er spürt die Traurigkeit, aber er nimmt sie nicht bewusst wahr, geht nicht in sie hinein. Das Ritual bringt mich in Berührung mit mir selbst. Ich nehme mich aus allem Jammern über meine Einsamkeit heraus und spüre mich selbst. Wenn ich Gott meine offenen Hände hinhalte, halte ich ihm auch meine Traurigkeit über die Einsamkeit hin. Schon dadurch wandelt sie sich. Rituale sind mehrmals täglich der Ort, an dem ich mich selbst spüre. Dann fühle ich mich nicht allein. Menschen, die sich einsam fühlen, sind häufig nicht bei sich selbst. Sie halten die Gesellschaft mit sich nicht aus. Sobald ich bei mir bin, bin ich nicht mehr alleingelassen. Ich stehe mir selbst bei. Ich bin bei mir. Dann kann ich auch verstehen, dass Gott bei mir ist. Manche jammern, dass sie Gottes Nähe nicht spüren. Aber sie spüren meistens sich selbst nicht. Sie sind nicht bei sich und so fühlen sie sich wirklich allein. Sobald ich selbst bei mir bin, bin ich nicht allein. Da bin ich in Beziehung zu mir. Und aus dieser inneren Bezogenheit heraus kann ich dann auch Gottes heilende Nähe spüren.

Lesen

Ich habe oben schon einmal vom Lesen gesprochen, für das ich Zeit habe, wenn ich allein bin. Ich möchte das Lesen noch ausführlicher behandeln. Was geschieht dabei? Ich tauche in eine andere Welt ein. Gerade wenn ich mich allein fühle, fühle ich mich dann verbunden mit den Personen des Buches. Ich fühle mit ihnen, leide mit ihnen, freue mich mit ihnen. So bin ich nicht allein mit mir. Ich spüre wieder das Leben. Zudem komme ich beim Lesen immer in Berührung mit mir selbst. Alles, was ich lese, hat mit mir zu tun. Es erweitert meinen Horizont. Ich finde mich in allen Personen wieder. Und das bereichert meine Selbstwahrnehmung. In mir ist eine weite Welt, in der ich spazieren gehen kann, in der ich immer neue Entdeckungen mache. Wenn ich lese und mit den Personen mitempfinde, bin ich nicht allein. Dann werde ich eins mit der ganzen Welt. Und die enge Welt meiner kleinen Wohnung weitet sich. Ich habe teil an der Geschichte der Menschheit. Ich tauche in die Vergangenheit ein und erkenne sie als ein Stück meines Lebens, ich tauche in das Leben von Menschen ein, die weit weg leben. So weitet sich mein Horizont und ich fühle mit den Menschen. Ich sitze allein in meiner Wohnung und bin doch verbunden mit vielen anderen.

Natürlich könnte man sagen, das geschehe ja auch beim Fernsehen. Aber dann bleibe ich wesentlich passiver. Ich schaue mir an, was geboten wird. Wenn ich einen guten Film anschaue, dann ist auch eine Identifikation möglich. Dann fühle ich mich in die Personen hinein. Aber mir persönlich geht es so: Wenn ich ein Buch lese, kann ich anschließend gut schlafen. Ich lege das Buch weg und schlafe ein. Normalerweise sehe ich nicht fern. Aber bei den seltenen Fällen, in denen wir im Konvent gemeinsam einen Film anschauen oder wenn mir jemand einen Film geschickt hat, den ich auf dem Computer unbedingt anschauen sollte, kann ich nachher nicht so gut schlafen. Dann gehen mir die Bilder ständig im Kopf herum. Vielleicht strömen bei einem Film zu viele Bilder auf mich ein, die ich gar nicht verarbeiten kann. Beim Lesen dagegen habe ich Zeit, mich in die Personen hineinzuspüren. Und vor allem ist da meine eigene Fantasie mehr beteiligt als beim Anschauen eines Filmes.

Viele Erwachsene erzählen mir, wie leidenschaftlich gern sie als Kinder gelesen haben. Oft war das Lesen eine Flucht aus einer emotionalen Wüste, die sie aufgrund der chaotischen Verhältnisse in der Familie erlebt haben. Dann war das Lesen eine legitime Flucht. Denn sie entdeckten so, dass sie nicht nur in der Wüste weilten. Ihre Seele wohnte vielmehr in der bunten Welt der Romane oder in der abenteuerlichen Welt eines Karl May. Für manche war Lesen eine Art Lebensrettung. Sie konnten ihr Leben nur aushalten, weil sie abends in eine andere Welt eintauchen durften, die bunt war, aber ihnen oft auch Geborgenheit und Liebe gab. Sie fühlten sich beim Lesen als Teil einer anderen Familie, der großen Menschheitsfamilie oder der kleinen Familie, von der das Buch erzählte.

Bücher sind keine moralischen Appelle an uns, alles zu ändern. Indem wir intensiv lesen, geschieht Verwandlung von allein. Da kommen wir – ohne dass wir es immer merken – in Berührung mit den Werten, von denen das Buch spricht, mit den Haltungen, die die Personen dort einnehmen. Und wir führen einen Dialog mit dem Autor und mit seinen Personen. Sören Kierkegaard, der dänische Religionsphilosoph, mahnt uns, ein Buch mit Leidenschaft zu lesen: »Nehmen Sie sich das mittelmäßigste Buch vor, aber lesen Sie es mit Leidenschaft, als wäre es das einzige, das

Sie jemals lesen: Schließlich werden Sie alles daraus lesen, das heißt, Sie werden das lesen, was in Ihnen drin steckt, und mehr werden Sie sowieso nicht herauslesen, selbst wenn Sie die besten Bücher lesen« (zit. Tudor 169). Was wir aus einem Buch herauslesen, das steckt in uns selbst. Wir kommen in Berührung mit dem Potenzial unserer eigenen Seele. Das macht uns weiter und reicher. Wir erkennen unser Alleinsein als Quelle der Daseinserweiterung und entdecken den Reichtum der eigenen Seele.

Musik hören

Wenn ich zu müde zum Lesen bin, dann nehme ich mir die Zeit, bewusst Musik zu hören. Ich liebe vor allem die Bachkantaten, aber auch die geistliche Musik von Mozart oder Händel oder Heinrich Schütz. Die Musik ist mir zu schade, um sie nebenbei zu hören. Wenn ich mir die Zeit nehme, dann überlege ich mir, worauf ich jetzt Lust habe oder was gerade für mich passt. Das suche ich dann aus. Ich setze den Kopfhörer auf und lege mich aufs Bett, mache die Augen zu und höre genau hin. Ich fühle mich ganz und gar von Musik umgeben und auch innerlich durchdrungen. Dann bin ich geborgen. Hören – so sagt Martin Heidegger – führt in die Geborgenheit. Wenn ich eins werde mit der Musik, dann fühle ich mich geborgen. Dann ist da kein trauriges Gefühl von Alleinsein, sondern die Dankbarkeit, dass ich diese wunderbare Musik anhören darf. Ich brauche nicht ins Konzert zu gehen, sondern kann die Aufnahme der Bachkantate mit Karl Richter und Edith Mathis und Dietrich Fischer-Dieskau anhören. Ich denke daran, dass Richter und Fischer-Dieskau jetzt schon im Himmel sind, dass ihre Art, Musik zu machen, ein Vermächtnis ist. Da klingt etwas von Transzendenz und Ewigkeit mit. Ich stelle mir vor, wie diese beiden begnadeten Musiker jetzt im Himmel diese Musik hören. Musik – so meint der Musikjournalist und Produzent Ernst Joachim Berendt – ist immer Hinübergehen in eine andere Welt. Das ist immer auch ein Gefühl von Freiheit und Weite. Ich werde durch die Probleme dieser Welt nicht beherrscht. Ich kann für einen Augenblick in eine andere, in die göttliche Welt hinübergehen – nicht, um dieser Welt zu entfliehen, sondern um sie besser ertragen zu können.

Statt über den einsamen Abend zu jammern, könnte ich ihn nutzen, nach und nach die Musik zu hören, die meiner Seele guttut. Dabei kann ich natürlich auch mein musikalisches Wissen erweitern, indem ich etwas über die Musik lese, die ich höre. Dann werde ich auf manches bewusster hören. Oder aber ich vertraue einfach nur meinen eigenen Ohren und meinem Herzen, das das eigentlich Hörende ist. Genauso wie ich mir die Bücher bewusst aussuche, die ich lesen möchte, sollte ich es auch bei der Musik tun. Zudem ist es wichtig, ein Stück ganz anzuhören. Die Musik erhebt mich innerlich. Für mich hat sie immer eine spirituelle Bedeutung. Sie öffnet mich für Gott. Gerade die geistliche Musik lässt mich teilhaben an der Gotteserfahrung, die der Komponist und der Sänger damit gemacht haben. Da berühren mich die Worte der Liturgie oder die Worte der Bibel auf neue Weise. Sie gehen tiefer als beim Lesen, es werden alle meine Emotionen angesprochen.

Wenn mich eine Bachkantate tief berührt hat, dann muss ich sie immer wieder hören. Am Fest Maria Lichtmess höre ich mir ganz bewusst die Kantate an: »Ich habe genug.« Dann geht mir die Musik den ganzen Tag durch den Kopf. Sie gehört für mich zu diesem Fest dazu. Tagsüber versuche ich, nochmals Teile daraus zu hören. Bevor ich ins Bett gehe, höre ich noch einmal die Arie »Schlummert ein, ihr matten Augen«. Dietrich Fischer-Dieskau singt hier auf einzigartige Weise. Ich erinnere mich daran, wie Godehard Joppich mir einmal erzählte, dass es für ihn ein musikalisches Ereignis ganz besonderer Art war, Fischer-Dieskau diese Kantate singen zu hören. Ich spüre dann, dass es ein heiliger Augenblick war, als diese Musik so erklingen konnte. In diesem Moment des Hörens habe ich teil an dem heiligen Augenblick. Es war eine Sternstunde für die Musik. Ich kann diese CD nur voller Ehrfurcht hören. Die Kantate »Ich habe genug« ist für mich zudem immer wieder der Abschied von der Weihnachtszeit. Ich wähle mir die Bachkantaten je nach Jahreszeit aus. Dann gehört es für mich zum Ritual bestimmter Tage und Feste, diese oder jene Kantate zu hören. So bekommt das Jahr eine gute Struktur. Und ich freue mich jedes Jahr wieder auf die Kantaten der Advents-, der Weihnachts-, der Osterzeit und der verschiedenen Feste.

Ich kenne Menschen, die eine großartige Stereoanlage besitzen und eine beeindruckende CD-Sammlung. Aber sie hören kaum Musik. Sie vertreiben sich ihre Zeit lieber vor dem Fernseher. Sie sagen, sie kämen nicht dazu, Musik zu hören. Doch oft genug haben sie Langeweile. Gerade von Priestern höre ich häufig, dass sie sich einsam fühlen, wenn sie von Pfarrgemeinderatssitzungen nach Hause kommen und dann niemanden haben, dem sie etwas erzählen können. Sie leiden an der Einsamkeit. Ich frage dann immer nach ihrem Bedürfnis nach Musik. Viele sagen, dass sie Musik lieben. Aber nach einer Sitzung könnten sie sich nicht aufraffen, sich etwas Gutes zu tun, indem sie Musik anhören, die ihnen in diesem Moment guttun könnte. Sie jammern lieber, anstatt es sich bequem zu machen und die Musik zu genießen, die sie in großer Auswahl in ihrer CD-Sammlung haben. Es wäre gut, bewusst an die Sammlung zu gehen und sich das herauszusuchen, was mich gerade anspricht. Das lege ich auf. Aber dann höre ich diese CD ganz an und erledige nicht nebenbei irgendetwas Unwichtiges. Vielmehr genieße ich gleichsam einen Konzertabend ganz allein für mich, in bequemer Lage, ganz Ohr für die Musik, die in mich eindringt, ohne dass ich von außen gestört werde. Ich würde mir dann etwas Gutes gönnen und den Frust der Sitzung nicht verdrängen, sondern so in innere Freude und Ergriffenheit verwandeln. Wenn ich mich ganz der Musik hingebe, haben frustrierende Erfahrungen keine Macht über mich. Mein Herz weitet sich.

Es gibt darin dann keinen Platz mehr für kleinkariertes Denken.

Der Schriftsteller Alfons Rosenberg erzählt davon, wie er im Geburtszimmer Mozarts der Musik lauschte, die Hans Schurich dem Hammerklavier entlockte, auf dem Mozart selbst gespielt hatte: »Je mehr ich den gewohnten modernen Klang seiner Musik vergaß und der weitaus bescheidenere des Hammerflügels an seine Stelle rückte, desto mehr vergaß ich auch, wo und bei wem ich mich an diesem Abend befand.« Er hat das Gefühl, als ob der Raum und auch die übrigen Mithörer aus seinem Bewusstsein verschwänden, und findet sich sozusagen allein wieder in einem Raum, der »aus der Gefangenschaft in Zeit und Raum hinausgetreten« war. Weiter meint er: »Und da gab es weder Frage noch Antwort; die Gegensätze, welche das erdgebundene Leben so spannungsreich, aber auch so schmerzlich durchdringen, verschwanden nicht einfach ins Nichts, sondern sie lösten sich vielmehr in eine höhere Wesenseinheit auf. Es war mir, als würde ich zum ersten Male das Licht, das jeden erleuchtet, der in diese Welt kommt, unverhüllt erblicken« (Rosenberg 86). Rosenberg war in diesem Augenblick allein mit Mozart, aber es war ein All-eins-Sein, das ihn in ein tiefes Einssein führte, ein heiliger Augenblick. Wer sich ganz auf die Musik einlässt, wer nur Ohr ist, der kann manchmal eine solche Erfahrung machen, wie sie uns Rosenberg schildert. Dann ist das Alleinsein keine Last, sondern eine Gnade, ein Ort, an dem wir wirklich mit dem Grund allen Seins eins sind, auf eine tiefere Weise, als wenn wir in Gesellschaft vieler Menschen seien.

Kreativ sein

Ich kenne ältere Frauen, die ihre einsamen Abende damit verbringen, etwas zu stricken oder zu häkeln. Meistens tun sie es für andere, um ihnen eine Freude zu machen. Sie stricken Socken oder Pullover, häkeln kleine Tischdecken oder Servietten und verschenken sie dann. Das ist auch eine schöne Art, das Alleinsein fruchtbar zu machen. Es macht ihnen Freude, kreativ zu sein, ihre Fähigkeiten zu nutzen und andere zu beschenken. So sind sie ganz bei ihrem Tun und zugleich bei den Menschen, denen sie mit ihrer Handarbeit eine Freude bereiten. Sie leiden nicht an ihrer Einsamkeit, sondern lassen sie fruchtbar werden. Die Kreativität selbst macht Spaß und sie ist eine Weise, etwas bzw. das eigene Tun als sinnvoll zu erleben. Wenn ich kreativ bin, fühlt sich in diesem Augenblick das Leben sinnvoll an. Ich habe keine Langeweile, spüre keine Leere, sondern erfüllte, sinnvolle Zeit.

Mein Bruder hat seine kreativen Fähigkeiten im Schnitzen entdeckt. Auch das ist ein erfülltes Tun. Unter seinen Händen entsteht langsam eine Figur. Die Madonna, die er geschnitzt hat, schmückt nun seine Wohnung. Es ist etwas anderes, als sich eine solche Figur zu kaufen.

In jedem von uns stecken kreative Möglichkeiten. Der eine schnitzt, der andere malt – ich kenne einige, die darin große Freude gefunden haben. In der Schulzeit war das anders, weil ihre Bilder ständig beurteilt und benotet wurden. Jetzt fangen sie von sich aus an zu malen, ohne sich zu benoten oder benoten zu lassen. Manche besuchen einen Kurs, um ihre Fähigkeiten zu fördern und einen guten Blick für das eigene Gemälde zu entwickeln. Wer malt, wird diese Zeit ebenfalls als erfüllte Zeit empfinden.

Meine Mutter hatte im Alter ihre Freude daran, Kreuzworträtsel zu lösen. Das war ihre Form von Kreativität. Sie war ganz dabei. Während wir noch

Kinder waren, war das Kreuzworträtsel für meine Mutter eine Oase, um mitten im Trubel mit Geschäft und sieben Kindern Atem zu holen. Und wir Kinder spürten, dass wir sie dabei nicht stören durften. Im Alter war es dann für sie eine schöne Beschäftigung am Abend.

Wenn jemand in seinem kreativen Tun aufgeht, dann fühlt er sich nicht allein. Er spürt das Leben in sich. Er gibt sich ganz dem hin, was er tut. Das hält ihn lebendig und erfüllt ihn mit Freude. Dann leidet er nicht an meiner Einsamkeit. Sein Alleinsein wird vielmehr zu einer Quelle der Freude. Er hat keine Angst vor dem Alleinsein am Abend, sondern freut sich auf das, was er tun darf, wofür er jetzt Zeit findet. Er schlägt also seine Zeit nicht tot mit sinnlosem Zappen am Fernseher und nutzt sie auch nicht, um zu arbeiten, sondern füllt sie mit einem sinnvollen Tun aus, das Freude bereitet. Es ist ein spielerisches Tun, das aber oft genug auch für andere zum Segen werden kann. Es erinnert an das Spielen als Kind, als man mit einfachen Dingen selbst Spiele gestaltet hat und dabei ganz darin aufgegangen ist. Durch das spielerische kreative Tun bekommt das Leben etwas von der Leichtigkeit des Kindes, das so allein spielen konnte, weil es sich selbst vergaß und sich auf das Spiel einließ. Zugleich fühlte es sich durch die Nähe der Erwachsenen geschützt. Das ist ein schönes Bild für das kreative Tun: Ich stricke und häkle, lasse mich ganz ein und vergesse mich dabei. Und zugleich weiß ich mich geborgen in Gottes Gegenwart, die mich einhüllt.

Dass das einfache kreative Tun zu einer tiefen Erfahrung der Gegenwart Gottes führen kann, beschreibt der Metropolit Anthony. Zu ihm kam eine Frau, die sich darüber beklagte, dass sie beim Beten nichts von Gottes Nähe spüre, sondern nur Leere. Da gab ihr der Metropolit den Rat, sie brauche die nächsten Wochen nicht zu beten, sie solle vielmehr einfach eine Viertelstunde dasitzen, den Frieden in ihrem Zimmer erspüren und sich an ihm freuen und dann vor dem Angesicht Gottes stricken. Nach einiger Zeit kam sie wieder und erzählte: »Es ist ganz merkwürdig. Wenn ich zu Gott bete, genauer, wenn ich zu ihm spreche, fühle ich nichts, doch wenn ich still dasitze, ihm gegenüber, dann fühle ich mich in seine Gegenwart eingehüllt.« Das kreative Tun kann eine Art von Meditation sein, aber eine spielerische, bei der ich nicht angestrengt über Gottes Nähe nachdenke, sondern in der ich einfach in seiner Nähe stricke oder spiele, so wie ich als Kind in der Nähe meiner Eltern gespielt habe und mich dabei lebendig und zugleich geborgen gefühlt habe.

Für mich ist kreatives Tun vor allem das Schreiben. Es ist für mich daher nie Arbeit, sondern immer ein spielerisches Ausprobieren. Ich spiele mit Worten, ich versuche, im Spiel den Schlüssel zu finden zur eigentlichen Wirklichkeit, zum Geheimnis Gottes und zum Geheimnis des Menschen. Natürlich habe ich jetzt beim Schreiben viele Wünsche zu erfüllen. Und manchmal muss ich mich disziplinieren, das gewünschte Thema zu bearbeiten. Aber sobald ich mich damit beschäftige, fange ich einfach an zu schreiben. Ich probiere im Schreiben aus, welche Ideen mir kommen. Und dann habe ich häufig große Freude dabei, zu diesem Thema noch dieses oder jenes zu lesen. Auch wenn ich keine Aufträge hätte, worüber ich schreiben sollte, würde ich es von selbst tun. Wenn ich die Bibel lese und mich ein Text fasziniert, dann meditiere ich darüber, aber zugleich treibt es mich, darüber etwas zu schreiben, die noch unklaren Gedanken währenddessen zu ordnen und weiterzuentwickeln. Ich schreibe kein Tagebuch, obwohl ich manche um diese Tätigkeit und Fähigkeit beneide. Aber dafür bräuchte ich jeden Tag zu einer bestimmten Zeit Raum dafür. Henri Nouwen, den ich sehr verehre, war ein typischer Tagebuchschreiber. Sein Leben war sehr bewegt. Aber zwei Dinge hat er jeden Tag strikt eingehalten: Eine Stunde persönliches Gebet und eine Stunde Schreiben. Er hat sich jeden Tag die Zeit genommen, eine Stunde lang das aufzuschreiben und im Schreiben für sich zu klären, was er erlebt hat. Manchmal beneide ich Henri Nouwen um seine Fähigkeit, das Erlebte täglich im Schreiben zu reflektieren. Aber ich spüre, dass es bei mir vor allem die Themen sind, die mich bewegen, etwas zu schreiben. Oder es sind Fragen, die mir in den Gesprächen gestellt wurden, die mich dazu herausfordern, im Schreiben eine bessere Antwort darauf zu suchen als die, die ich im Gespräch gegeben habe.

Meditation

Eine gute Weise, die Zeit, die ich allein für mich habe, zu nutzen, ist die Meditation. Für mich selbst ist das vor allem am Morgen wichtig. Da genieße ich das Alleinsein. Ich habe in meiner Zelle eine Gebetsecke, in der eine Christus-Ikone und ein einige andere Ikonen hängen, die mir in den letzten Jahren geschenkt worden sind: eine von Maria, eine Engel-Ikone, in der Engel mir das Bild Christi entgegenhalten, und eine von Nikolaus, in der mir in seinem Gesicht die Liebe entgegenstrahlt, die ihn offensichtlich durchdrungen hat. In diese Gebetsecke setze ich mich jeden Morgen nach dem Frühchor, dem gemeinsamen Stundengebet am Morgen. Ich zünde eine Kerze an und halte die Hände an die Brust. Dann meditiere ich mit dem Jesusgebet. Beim Einatmen sage ich mir still vor: »Herr Jesus Christus« und beim Ausatmen: »Sohn Gottes, erbarme dich meiner!« Ich schaue dann auf die Christusikone und spüre, wie seine Liebe beim Einatmen in mein Herz strömt und beim Ausatmen in den ganzen Leib. Das Jesusgebet führt mich in den inneren Raum der Stille, den Christi Liebe erfüllt. In diesem inneren Raum der Liebe fühle ich mich daheim, geborgen. Ich spüre, dass mir die Meditation guttut. Natürlich ist sie nicht immer wunderbar. Manchmal bin ich trotz aller Übung zerstreut. Aber ich schaue auf die Ikonen und achte wieder auf den Atem. Dann treten die zerstreuenden Gedanken zurück.

Die geistliche Tradition empfiehlt den Morgen als die Zeit für die Meditation. Denn dann beginnt der

Tag ganz anders. Ich fühle mich dann tagsüber nicht allein, weil ich in der Meditation Christus begegnet bin, der mich den ganzen Tag über begleitet. Viele schaffen es jedoch nicht, am Morgen zu meditieren. Sie können es am Abend nachholen. Allerdings sind viele zu diesem Zeitpunkt bereits zu müde, um richtig meditieren zu können. Doch wenn der Abend vor ihnen liegt und sie alles Wichtige an diesem Tag erledigt haben, ist es bei der Meditation nicht so wichtig, dass man hellwach ist. Man darf in diesen 15 oder 20 Minuten durchaus müde sein oder müde werden. Aber in der Müdigkeit fühlt man sich doch getragen. Man kann seine Aufmerksamkeit vielleicht nicht mehr auf viele verschiedene Dinge richten, aber gerade der Müdigkeit gelingt es, einen ganz und gar auf Gott hin auszurichten. Müde ergibt man sich diesem Gott, vor dem man sitzt, vor dem man nichts leisten muss, sondern einfach da ist. Dann kann man nach der Meditation – etwa mit dem Jesusgebet – noch einige Augenblicke in der Gebetsecke sitzen bleiben und über den Tag nachdenken.

Ich meditiere dann gedanklich über das, was mich gerade bewegt. Aber ich halte es Gott oder Christus hin. Ich grüble nicht darüber, sondern komme mit all dem, was mich beschäftigt, vor Gott zur Ruhe. Oder ich beschließe die Meditation mit einer Gebärde: Ich stehe auf und halte meine Hände Gott hin. Darin halte ich ihm den Tag hin mit allem, was ich heute in die Hand genommen habe, was gelungen und misslungen ist, und übergebe ihn in Gottes Hände, in dem Vertrauen, dass er das Vergangene in Segen verwandelt.

Jeder hat seine eigene Art von Meditation. Und es ist gut, dass jeder seine eigene Weise zu meditieren findet, die ihm guttut und auf die er sich freut. Manche stülpen sich eine Meditationsform über, die sie bei einem Kurs gelernt haben. Doch dann lassen sie die Übung nach einiger Zeit wieder sein. Sie begründen es meistens damit, dass sie keine Disziplin hätten. Doch oft zeigt die Vernachlässigung der Meditation, dass es nicht die Form ist, die zu einem persönlich passt. Es ist daher gut, sich zu überlegen: Wie möchte ich den Morgen beginnen und den Abend beschließen? Soll ich mich jeweils 20 Minuten hinsetzen und auf den Atem achten und meditieren? Oder ist es meine Form, einen Text der Bibel zu lesen, darüber nachzudenken und auf die Gedanken und Bilder zu achten, die der Text in mir auslöst? Oder soll ich lieber eine Gebärde ausführen, die mich für Gott öffnet? Entscheidend ist, dass ich mich auf meine Art der Meditation freue, auf die heilige Zeit, die ich mir nehme. Natürlich braucht es dann auch Disziplin, um die Meditation durchzuhalten, die mir guttut. Aber Disziplin ist nach Hildegard von Bingen die Kunst, mich immer freuen zu können. Manchmal hält uns die Unlust davon ab, zu meditieren. Wenn wir uns aber in diesem Moment trotzdem hinsetzen, weil wir uns an die eigene Disziplin halten, kommt die Freude in uns wieder hoch.

Wandern

Mit meinen Geschwistern wandere ich im Urlaub gerne im Gebirge. Aber es kann auch ein guter Weg sein, mein Alleinsein zu genießen. Am Sonntagnachmittag genieße ich es, nach dem Mittagsschlaf allein in unserer Bachallee spazieren zu gehen. Meistens habe ich dann gerade einen Kurs beendet. Da war viel Kommunikation mit anderen Menschen. Jetzt ist mein Bedürfnis nach Kommunikation gestillt und ich genieße es, allein zu gehen, einfach nur die Natur zu spüren, im Frühling das Singen der Vögel zu hören und die immer grüner werdenden Bäume wahrzunehmen, mich von der frischen Luft umwehen und von der Sonne bestrahlen zu lassen. Aber es ist auch schön, im Schnee zu gehen und bei jedem Schritt das Knirschen des Schnees unter den Füßen zu hören. Sonst ist alles still. Der Schnee macht die Landschaft still. Da kann ich alles, was im Kurs war, loslassen und es Gott übergeben.

Mein Vater ging jeden Sonntag nach dem Gottesdienst allein nach Maria Eich. Das ist eine Wallfahrtskirche bei Planegg, etwa eine Stunde Weg von unserem Haus in Lochham entfernt. Er war ein Familienmensch, der sehr gerne mit anderen zusammen war. Da er sein Geschäft im Haus hatte, nahm er beinahe alle Mahlzeiten im Kreis seiner Familie ein. Aber am Sonntag hatte er das Bedürfnis, allein nach Maria Eich zu wandern. Da konnte er die Woche und die Sorgen loslassen, die das Geschäft ihm oft genug bereitet hat. Und er genoss das Alleinsein. Er fühlte sich im Wald immer wohl. Er hatte einen Blick für die Schönheit der Bäume, für die verschiedenen Stimmen der Vögel. An diesem Marienwallfahrtsort fühlte er sich zudem innerlich daheim. Er brauchte das Alleinsein nach dem Gottesdienst, um dann wieder gerne beim Mittagessen mit der Familie zusammen zu sein.

Manche leiden darunter, wenn sie allein spazieren gehen müssen. Sie brauchen immer Gesellschaft. Natürlich ist es auch schön, zu zweit oder zu dritt unterwegs zu sein. Aber auch das einsame Wandern hat seine Reize. Ich bin dann ganz in der Natur, fühle mich ihr zugehörig. Ich nehme mit allen Sinnen die Natur wahr: Ich spüre die Sonne, die mich bescheint, den Wind, der mich umweht. Ich höre auf das sanfte Rauschen des Windes, auf das fröhliche Vogelgezwitscher. Ich atme tief die frische Luft ein. Ich rieche den Wald, die Wiese, ich rieche den Frühling, den Sommer, den Herbst, den Winter. Ich fühle mich lebendig. Und ich spüre Gottes Gegenwart, die die Natur durchdringt. Ich bin dann nicht traurig, dass jetzt keiner mit mir geht. Ich genieße das Alleingehen, weil ich so intensiv die Natur wahrnehmen kann. Und ich fühle mich nicht allein. Ich bin in der Natur, gehöre zu ihr. Ich spüre ein Getragensein, eine tiefe innere Verbindung. Ich bin eins mit allem.

Nichtstun

Es gibt eine Form des Nichtstuns, die uns nicht guttut: Wir sitzen herum, ohne zu wissen, was wir wollen, kommen nicht zur Ruhe. Wir stehen auf und tun dann doch irgendetwas Belangloses. Oder wir vertreiben uns das Nichtstun mit etwas Nichtigem: Wir schalten den Fernseher an, nicht um etwas Bestimmtes anzuschauen, sondern nur, um nicht allein zu sein, um nicht nachdenken zu müssen. Irgendwie bekommen wir die Zeit schon herum. Wir schlagen die Zeit gleichsam tot. Das hinterlässt einen faden Geschmack. Wir haben nichts zu tun. Niemand braucht uns. Wir könnten ebenso gut auch nicht da sein. Das würde keinen kümmern. Niemand würde uns nachtrauern. Das ist das depressive Nichtstun, das uns nach unten zieht.

Ich kann mir aber auch am Abend oder an einem ganzen Wochenende gönnen, einmal bewusst nichts zu tun. Ich muss dann nicht lesen oder Musik hören oder kreativ sein oder etwas Sinnvolles tun. Ich sitze einfach in meinem Sessel und genieße es, nichts tun zu müssen. Ich muss mich nicht beweisen mit irgendwelcher Tätigkeit, und sei es eine spirituelle. Ich sitze einfach da und tue gar nichts. Aber ich bin bei mir. Ich schaue mich in meinem Zimmer um, das ich bewohne. Es schenkt mir Heimat und Geborgenheit. Ich fühle mich wohl in meinem Zimmer. Wenn Gedanken in mir hochkommen, schaue ich sie an. Aber ich nehme mir nicht vor, heute besonders kreative oder ehrliche Gedanken zu haben. Ich mache keine Analyse meines Lebens. Ich genieße zuerst einmal, dass ich nichts tun muss, dass ich einfach da sein darf, so, wie ich bin. Ich muss mich vor niemandem beweisen, auch nicht vor Gott und erst recht nicht vor mir selbst. Ich genieße es, faul zu sein. Ich muss jetzt auch nichts erledigen oder mir überlegen, wie ich es morgen erledigen kann. Ich sitze einfach da und lasse kommen, was kommt. Ich fühle mich. Ich spüre meinen Wert, unabhängig von meinem Tun und Denken.

Wenn ich mir dieses Nichtstun einmal gönne, kann dieses Faulsein zu einer ganz fruchtbaren Zeit werden. Ich komme mit mir in Berührung, nicht mit dem, was ich vor anderen bin, was ich geleistet oder was ich anderen an Hilfe zukommen lassen habe. Ich bin einfach da. Ich spüre, wer ich bin, wenn ich mich nicht von meinem Tun und Denken her definiere, sondern einfach nur Mensch bin. Ich verschränke die Arme und sitze einfach da. So wird die Armhaltung auf einmal zu einer Selbstumarmung. Ich nehme mich an, wie ich bin. Ich liebe mich. Ich bin gerne bei mir. Ich spüre mich unabhängig von all dem, was andere von mir denken und über mich sagen. Wenn ich so dasitze, komme ich in Berührung mit meiner Lebensgeschichte. Es tauchen Erinnerungen aus meiner Kindheit, Jugend, aus den ersten Klosterjahren auf. Und dann spüre ich: Ich bin dieser Mensch geworden, der ich jetzt bin. Ich habe eine Geschichte, habe etwas erlebt. Ich bin dankbar für mein Leben und einverstanden damit. Indem ich mit mir in Berührung komme, tauchen all die Menschen auf, die mich geprägt haben, durch die ich der geworden bin, der ich jetzt bin: meine Eltern, meine Geschwister, meine Freunde und Freundinnen, meine Mitbrüder, die vielen Menschen, denen ich begegnet bin, die Menschen, die mir Vorbilder waren, die mich herausgefordert haben und auch die, mit denen ich mich schwertat, aber die mich trotzdem weitergebracht haben. Und so ist es kein langweiliger Abend, sondern eine höchst spannende Zeit, die ich ohne etwas zu tun mit mir verbringe und mit all den Menschen, die mich geprägt haben. Ich bin dann doch nicht allein.

Dann denke ich auch an meine Geschichte mit Gott. Er hat mich von Anfang an geprägt. Als Kind hat er mich fasziniert. Er war das Geheimnis, das mich eingehüllt hat, das mich neugierig gemacht hat, aber auch zum ehrfürchtigen Staunen brachte. Dieser Gott hat mich in der Jugend geprägt, wachgehalten, dass ich an mir arbeite. Er hat mich in den ersten Klosterjahren geformt. Und seither bin ich diesem Gott immer wieder anders begegnet, manchmal als dem Du, das mich anspricht, das mich liebt, dessen heilende Gegenwart mich einhüllt, dann wieder als der Grund allen Seins, als die Liebe, die alles Sein durchdringt. Ich sitze dann – ohne etwas zu tun – in der Gegenwart Gottes. Ich muss diese Gegenwart nicht spüren. Sie umhüllt mich. Wenn ich sie wahrnehme, bin ich einfach nur da. Und ich spüre: Es ist gut so, wie es ist. Alles ist gut.

Bewusst mit
Einsamkeit umgehen

Einsamkeit ist ein Phänomen, das die Menschen seit jeher beschäftigt hat, als Last oder auch als Chance. Die Pandemie hat uns auf neue Weise darauf gestoßen. Sie hat aufgedeckt, dass viele Menschen nicht gut mit ihr zurechtkommen. Viele waren überfordert mit dem Alleinsein. Und viele sind dadurch depressiv geworden. Das hatte meines Erachtens zwei Ursachen. Zum einen braucht es immer das richtige Maß zwischen Einsamkeit und Gemeinschaft. Wenn das richtige Maß gestört wird, wenn die Einsamkeit auf einmal überwiegt, fühlen sich viele Menschen überfordert. Zum anderen waren viele nicht darin geübt, mit dem Alleinsein gut umzugehen.

Daher hat uns die Pandemie von Neuem gezeigt, dass es gut für uns ist, das Alleinsein zu lernen, es als einen wichtigen Teil unseres Lebens anzunehmen. Was für die Pandemie gilt, das gilt für das ganze Leben. Es wird nur gelingen, wenn wir mit beiden Polen gut umgehen können, wenn wir lernen, allein zu sein und zugleich gute Beziehungen zu Menschen zu haben und die Gemeinschaft zu genießen.

Jeder erfährt in seinem Leben, dass er allein ist. Und oft genug fühlt er sich auch einsam. Aber wie wir das Alleinsein und unsere mit unserem Personsein notwendig verbundene Einsamkeit erleben, das liegt an uns. Wir haben es in der Hand, darüber zu jammern und uns dadurch immer weiter nach unten ziehen zu lassen, oder aber das Alleinsein als Chance zu sehen, eins zu sein mit uns selbst, mit allem, was ist – mit Gott, mit allen Menschen und mit der ganzen Schöpfung. Wir haben es in der Hand, in der Rebellion gegen die Einsamkeit zu verharren und auf diese Weise zu vereinsamen oder aber unsere Einsamkeit als Quelle zu erleben, aus der wir schöpfen können. Dann werden wir sie als etwas Kostbares erfahren, als etwas, das uns mit dem Reichtum der eigenen Seele in Berührung bringt.

Jeder hat in seinem Leben schon Alleinsein und Einsamkeit erlebt. Und jeder hat in sich beide Weisen erfahren, damit umzugehen. Manchmal war das Alleinsein etwas Wunderbares. Und manchmal hat er darunter gelitten, ihn in Traurigkeit und Depression gestürzt. Diese beiden Erfahrungen gehören zu uns. Aber sie fordern uns auch heraus, bewusst mit unserer Einsamkeit umzugehen. Zu unserer Menschwerdung gehört es, dass wir von Zeit zu Zeit absichtlich in die Einsamkeit gehen, um allein mit uns zu sein. Das sind kostbare Zeiten, in denen wir frei werden von allen Rollen, die wir sonst oft genug spielen. Wenn wir allein sind, kommen wir mit unserer Wahrheit in Berührung. Alles, was andere von uns denken und über uns sagen, ist nicht wichtig. Wir sind allein mit uns selbst und allein mit Gott. Da kann unser Leben wieder in Ordnung kommen, zur Wahrheit finden. Aber genauso wichtig ist, dass wir uns nicht einigeln in unserer Einsamkeit, sondern dass wir die Beziehung suchen. Sie kann nur gut gelebt werden, wenn wir in Beziehung zu uns selbst und zu Gott, aber auch in Beziehung zu den Menschen sind. Daher müssen wir immer wieder selbst spüren: Ist es jetzt gut für mich, das Alleinsein auszuhalten und zu gestalten? Oder ist es besser, zum Telefonhörer zu greifen und Menschen anzurufen? Das Anrufen wird nur dann hilfreich sein, wenn ich dem anderen nicht vorjammere, dass ich mich so allein fühle, sondern nur wenn ich wirklich ein Gespräch beginne, also auch den anderen frage, wie es ihm geht, anstatt nur um mich zu kreisen. Denn sonst wird die Beziehung dadurch belastet und der andere wird nicht gerne mit mir telefonieren.

Jeder muss für sich das richtige Maß finden, allein und auch in Gesellschaft zu sein. Ich erlebe Männer, die nach dem Tod ihrer Frau nicht allein sein können und ihre Kinder mit der Erwartung überfordern, dass diese ständig für sie sorgen sollen. Die Kinder sollen ihre Einsamkeit gleichsam auflösen, doch die Alten selbst weigern sich, das Alleinsein anzunehmen, aktiv zu werden und den Anschluss an einen Verein oder eine Wandergruppe aufzubauen. Nur wer gut allein sein kann, kann sich auch in einer Gemeinschaft wohlfühlen. Dann ist die Gemeinschaft für ihn ein guter Ort, an dem er die Beziehung zu anderen genießen kann. Doch wer in der Einsamkeit beziehungslos ist, wird auch in der Gruppe beziehungslos sein. Daher ist die wichtigste Therapie für die Einsamkeit und gegen die Vereinsamung, dass wir lernen, in Beziehung zu uns, zu Gott, zur Schöpfung und zu Menschen zu kommen.

In der christlichen Tradition gibt es die Übung der Exerzitien, die auf Ignatius von Loyola zurückgehen. Man zieht sich bewusst in die Einsamkeit zurück und führt mit einem geistlichen Begleiter Gespräche über das, was in dieser Zeit hochkommt. Es gibt auch sogenannte Wüstentage, die man sich gönnt: Ganz allein verlebt man den Tag entweder im Wandern oder aber an einem spirituellen Ort, an dem man geschützt ist von den Anforderungen des Geschäftslebens. Andere ziehen sich für ein paar Tage ins Kloster zurück, um mit sich allein zu sein. Das sind besondere Zeiten, die man sich gönnt, vor allem dann, wenn man sonst ständig unter Menschen ist. Doch jeden Tag gibt es Zeiten, in denen wir allein mit uns sind. Auch sie gilt es zu nutzen, um das Alleinsein als Quelle der Spiritualität zu erfahren. Ob wir die Einsamkeit bewusst suchen oder ob sie uns auferlegt ist: Es gilt, sie in guter Weise zu leben und zu gestalten. Dazu bedarf es der Kunst, eines Könnens, das gelernt werden muss.

Jeder hat seine eigenen Wege gefunden, wie er mit dem Alleinsein und mit seiner Einsamkeit umgeht. Die Wege, die ich in diesem Buch vorgeschlagen habe, wollen den Leser und die Leserin einladen, über ihre eigenen Möglichkeiten nachzudenken. Vielleicht findet der eine oder andere Leser darin Anregungen für sich selbst, wie er künftig die Zeiten gestalten möchte, in denen er allein ist. Ich wünsche jedem

Leser und jeder Leserin, dass sie das Alleinsein als eine wertvolle Zeit erleben, in der sie dem Geheimnis des eigenen Lebens auf die Spur kommen. Und ich wünsche ihnen, dass sie – um mit Paul Tillich zu sprechen – mit ihrer Einsamkeit so umgehen, dass sie zur Religion wird, zur Bindung an Gott, zum Glauben, dass sie von Gott getragen sind und dass ihre Seele nur dann zur Ruhe findet, wenn sie in Gott zur Ruhe kommt. Zugleich wünsche ich ihnen, dass sie auch Freude haben am Miteinander und dass sie das richtige Maß für sich finden zwischen Einsamkeit und Gemeinschaft.

Literatur

Binder, Wolfgang: Einsamkeit als Thema der Literatur, in: Einsamkeit, herausgegeben von Jürgen Schultz, Stuttgart 1980, 92–105.

Brocher, Tobias: Einsamkeit in der Zweisamkeit, in: Einsamkeit, herausgegeben von Jürgen Schultz, Stuttgart 1980, 162–173.

Evagrius Ponticus: Über das Gebet. Tractatus de oratione (Quellen der Spiritualität, Band 4), eingeleitet und übersetzt von John Eudes Bamberger, Münsterschwarzach, 2. Aufl. 2017.

Evagrius Ponticus: Capita practica ad Anatolium, in: Patrologiae cursus completus, series graeca (PG), Band 40, herausgegeben von Jacques-Paul Migne, Paris 1858.

Jung, Carl Gustav: Briefe III, Olten 1973.

Kästner, Erhart: Die Stundentrommel vom heiligen Berg Athos, Frankfurt am Main 1974.

Kölbel, Gerhard: Über die Einsamkeit. Vom Ursprung, Gestaltwandel und Sinn des Einsamkeitserlebnisses, München 1960.

Levend, Helga: Einsamkeit. Die Stille nach innen, Würzburg 2000.

Lotz, Johannes B.: Das Phänomen der Einsamkeit im Lichte der personalen Anthropologie, in: Einsamkeit. Ein Tagungsbericht, herausgegeben von Wilhelm Bitter, Stuttgart 1967, 30–48.

Meister Eckhart, Einheit mit Gott, herausgegeben von Dietmar Mieth, Düsseldorf 2002.

Nouwen, Henri J. M.: Ich hörte auf die Stille. Sieben Monate im Trappistenkloster, Freiburg im Breisgau 2001.

Riemann, Fritz: Flucht vor der Einsamkeit, in: Einsamkeit, herausgegeben von Jürgen Schultz, Stuttgart 1980, 22–33.

Rosenberg, Alfons: Allein mit Mozart, in: Einsamkeit, herausgegeben von Jürgen Schultz, Stuttgart 1980, 80–90.

Safranski, Rüdiger: Schopenhauer und die wilden Jahre der Philosophie, Frankfurt am Main 2001.

Sartorius, Mariela: Die hohe Schule der Einsamkeit. Von der Kunst des Alleinseins, Gütersloh 2006.

Schmitz-Bunse, Waltraut: Verlust des Partners, in: Einsamkeit, herausgegeben von Jürgen Schultz, Stuttgart 1980, 216–227.

Schütz, Christian: Einsamkeit/Alleinsein, in: Praktisches Lexikon der Spiritualität, Freiburg im Breisgau 1988, 275–282.

Sperber, Manès: Von Not und Nutzen der Einsamkeit, in: Einsamkeit, herausgegeben von Jürgen Schultz, Stuttgart 1980, 10–21.

Tudor-Sandahl, Patricia: Verabredung mit mir selbst, Freiburg im Breisgau 2005.

Uhsadel, Walter: Der einsame Mensch in biblischer Sicht, in: Einsamkeit. Ein Tagungsbericht, herausgegeben von Wilhelm Bitter, Stuttgart 1967, 144–159.

Yalom, Irvin D.: Der Panama-Hut oder was einen guten Therapeuten ausmacht, München 2010.

**Bibliografische Information
der Deutschen Nationalbibliothek**

Die Deutsche Nationalbibliothek verzeichnet diese Publikation in
der Deutschen Nationalbibliografie. Detaillierte bibliografische
Daten sind im Internet über http://dnb.d-nb.de abrufbar.

2. Auflage 2023
© Vier-Türme GmbH, Verlag, Münsterschwarzach 2023
Alle Rechte vorbehalten

Lektorat: Marlene Fritsch
Satz: Matthias E. Gahr
Umschlaggestaltung: Chandima Soysa, Stuttgart
Umschlagmotiv: Gizele/shutterstock

Druck und Bindung: Pustet, Regensburg
ISBN 978-3-7365-0486-8

www.vier-tuerme-verlag.de